Martin Kaufhold
Europas Norden im Mittelalter

Martin Kaufhold

Europas Norden im Mittelalter

Die Integration Skandinaviens in das christliche Europa
(9.–13. Jh.)

PRIMUS
VERLAG

Einbandgestaltung: Jutta Schneider, Frankfurt a. M.
Einbandbild: Kriegsschiff der Wikinger.
Angelsächsische Buchmalerei, um 1225–1250.
Foto: AKG.

Die Deutsche Bibliothek – CIP-Einheitsaufnahme
Ein Titeldatensatz für diese Publikation ist bei
Der Deutschen Bibliothek erhältlich.

© 2001 by Wissenschaftliche Buchgesellschaft, Darmstadt
Gedruckt auf säurefreiem und alterungsbeständigem Papier
Printed in Germany

www.primusverlag.de

ISBN 3-89678-418-8

Inhalt

Vorwort

Dieser Band ist aus meinen Lehrveranstaltungen an der Universität Heidelberg hervorgegangen. Im Sommersemester 2000 hatte ich die Gelegenheit, eine Vorlesung über die Grundzüge der nordischen Geschichte im Mittelalter aus europäischer Perspektive mit einem Seminar über die Wikingerzeit und einer Exkursion mit engagierten Studenten in den Norden zu verbinden. Diese thematische Konzentration ermöglichte mir die verstärkte Beschäftigung mit der mittelalterlichen Geschichte Skandinaviens, die ich in den Jahren zuvor verschiedentlich bearbeitet hatte. Dabei fiel mir auf, daß es in deutscher Sprache keine neuere Darstellung dieser Geschichte im Gefüge des europäischen Mittelalters gab. So habe ich auf der Grundlage meines Vorlesungsmanuskripts einen einführenden Essay verfaßt und ihn durch einige Schwerpunkte, die mir besonders interessant erschienen, akzentuiert. Ich freue mich, daß die Wissenschaftliche Buchgesellschaft mein Interesse aufgenommen hat und daß es möglich war, den Text mit einigen Bildern zu ergänzen, die den Eindruck der hier behandelten Entwicklungen noch etwas lebendiger hervortreten lassen. Die Geschichtsforschung beginnt mit Fragen, und unsere Arbeit lebt vom persönlichen Interesse und von unserer Neugier. Dieser Band ist meinen Eltern gewidmet, die mich als Jungen zum ersten Mal in den Norden mitgenommen haben und die damit mein Interesse weckten.

Heidelberg, im März 2001   Martin Kaufhold

Europäische Integration im Mittelalter?

Europa und der Norden, das ist ein großes Thema für ein kleines Buch. Es geht in dieser Darstellung um die Grundzüge der europäischen und der nordischen Geschichte, soweit sie für das gegenseitige Verhältnis von Bedeutung sind. Für die vielen Daten und Details gibt es das gründliche Handbuch der europäischen Geschichte. Hier geht es um die markanten Linien einer Entwicklung hin zu einem gemeinsamen Ordnungssystem. Daraus resultiert ein durchaus essayistischer Charakter der Darstellung und darin ist auch der zeitliche Rahmen dieser Darstellung begründet, die mit dem Erreichen eines gemeinsamen Ordnungsgefüges im 13.Jahrhundert endet.

Wir beginnen mit den historisch feststellbaren Anfängen dieser gemeinsamen Geschichte im Mittelalter mit der Zeit Karls des Großen und seines Sohnes Ludwig des Frommen, als das Frankenreich erste Missionsversuche in den Norden unternahm – also etwa seit dem Jahr 800. Ein anderer Anfangspunkt ist das Jahr 793, als die Wikingerzeit mit dem Überfall norwegischer Piraten auf das Kloster Lindisfarne in Northumbria begann. Der Überblick endet im späten 13.Jahrhundert (um 1284/85), als die hansischen Kaufleute aus dem Norden Deutschlands nicht nur einen intensiven Handel mit den Ländern des Nordens betrieben, sondern auch dazu übergingen, in den Handelsstädten dieser Länder, in Stockholm und in Bergen, ansässig zu werden, ihre Kontore einzurichten und den Handel immer mehr zu kontrollieren. Die Norweger erfuhren das, als eine hansische Handelsblockade in den 80er Jahren des 13.Jahrhunderts sie über die mittlerweile erreichten Kräfteverhältnisse ins Bild setzte. Diese Darstellung umspannt damit eine Phase von fast fünf Jahrhunderten. Das ist eine lange Zeit – und eine Auswahl war nötig. Eine Schwerpunktsetzung ist im Thema bereits angelegt. Es geht um die Geschichte und die Grenzen mittelalterlicher Integration. Diese Formulierung ist ein wenig unscharf. Es geht hier um

die Frage nach der europäischen Integration von der Zeit der
Karolinger bis zum beginnenden Spätmittelalter nach dem Ende
des staufischen Kaisertums.

Europäische Integration ist kein unproblematischer, kein klarer Begriff. Denn es ist durchaus nicht eindeutig, über welches
Europa wir sprechen, wenn es um europäische Integration geht.
Europa sei das christliche Abendland, hören wir heute, und manches spricht dafür. Aber die Europa, die auf dem Rücken des
Zeus davongetragen wurde, war keine Christin, und in der Zeit,
über die wir sprechen, waren größere Teile des heutigen Europa
erst gerade christianisiert worden und ganze Völker waren noch
gar nicht getauft. Der Begriff Europa ebenso wie seine Tradition
sind beide durchaus nicht eindeutig. Wir fassen Europa im Hinblick auf das Ziel dieser Darstellung am besten als eine Wertegemeinschaft, mit einem ähnlichen Verständnis von politischer,
religiöser und rechtlicher Ordnung. Das bleibt etwas diffus und
das muß es auch. Wir können an dieser Stelle die vielen Elemen-
te der komplexen europäischen Tradition nicht behandeln.
Schon ein einfacher Blick auf die Tradition des römischen Reiches, des Rechts und des Christentums zeigt, daß eine europäische Perspektive keineswegs eine eindeutige Sache ist, sondern
daß sie der Interpretation bedarf. Ich möchte das mit Absicht
etwas unscharf formulierte Thema so verstehen, daß es in dieser
Übersicht darum gehen soll, wie zwischen den Ländern, die in
besonderer Weise als Exponenten einer westeuropäischen Tradition gelten konnten, weil sie die Heimat zentraler Größen dieser Tradition waren – wie etwa des Kaisertums, des Papsttums
oder einer besonderen religiösen Dynamik –, und den Ländern
des Nordens allmählich eine gewisse Wertegemeinschaft heran-
wuchs. Dabei ist klar, daß sich beide Seiten erkennbar veränder-
ten. Aus dem karolingischen Frankenreich gingen Frankreich,
Deutschland und Italien hervor, letzteres als Heimat des Kaisertums und des Papsttums. Dazu kam noch England, das in beson-
derem Austausch mit Skandinavien stand. Im Norden wurden
aus den heidnischen unübersichtlichen Kleinkönigtümern der
Frühzeit allmählich die christlichen Königreiche Dänemark,
Schweden und Norwegen mit ihrem erkennbaren politischen,
kirchlichen und kulturellen Profil.

Bei der Untersuchung der Kontakte zwischen dem Norden und Westeuropa geht es immer wieder um die Spannung zwischen individueller Initiative und historischer Entwicklung. Die individuelle Perspektive wurde durch Missionare, kirchliche Legaten, Kaufleute oder Wikingerhäuptlinge in das jeweils fremde Land getragen und sie wurde durch die allgemeine Entwicklung des Handels, der politischen und kirchlichen Kontakte befördert oder auch behindert. Es geht darum, welche Kontakte folgenreich waren und welche Bemühungen vergeblich blieben, und es geht um die historische Einschätzung dieser Entwicklungen. Dies ist eine spezifisch hochmittelalterliche Perspektive für die Beurteilung von Integrationsvorgängen. Das heutige Europa hat eine eigene Realität in der Fülle von Verordnungen aus Brüssel und in den Handelsbilanzen des europäischen Marktes. Diese abstrakte Annäherung ist für unseren Betrachtungszeitraum kaum möglich. Erste und unvollständige Mengenangaben für den hansischen Norwegenhandel gibt es erst für das 14. und 15. Jahrhundert. Zuvor haben Aussagen über den Handel eher einen qualitativen Charakter. Das gleiche gilt für unser gesamtes Material. Eine statistische Erhebung spielt bei der Auswertung keine Rolle. Das Europa, über das wir zu sprechen haben, war im wesentlichen ein Europa persönlicher Erfahrungen. Das läßt manchen Aspekt außen vor, aber es hat auch den Reiz konkreter Abenteuer. Es geht nicht in erster Linie um Einzelfälle, um Männer und um Frauen, die Geschichte machten, sondern es geht um exemplarische Fälle, in denen sich historische Entwicklungen niederschlugen. So bekommt die europäische Geschichte ein Gesicht. Diesem Gesicht wenden wir uns nun zu.

Zaghafte Kontaktaufnahme:
Erste Missionsversuche im Norden

Der Beginn der karolingischen Kontakte mit Dänemark

Die Darstellung beginnt in der Karolingerzeit und das hat
einen einfachen Grund. Die historische Wissenschaft ist im wesentlichen eine Wissenschaft auf der Grundlage geschriebener
und überlieferter Texte. Diese Textzeugnisse sind für die frühmit-
telalterliche europäische Geschichte nicht sehr umfangreich. In
Westeuropa können wir in diesen überlieferten Quellen und Dokumenten die Konturen der Herrschaft Karls des Großen und
seiner Nachfolger erkennen. Dies verdanken wir den Aufzeichnungen von Geistlichen, die aufschrieben, was sie für überliefe-
rungswürdig hielten, oder deren Bildung ausreichte, die Regeln
schriftlich festzuhalten, die für das Zusammenleben wichtig
waren. Das Westeuropa des frühen Mittelalters verdankte seine
schriftliche Kultur den Fähigkeiten und Bildungstraditionen der
Geistlichen. Im heidnischen Nordeuropa gab es damals keine
eigene Geschichtsschreibung. Dieser Zustand ging erst durch intensiveren Kontakt mit den christlichen Missionaren zu Ende.
Was vor dem Jahr 800 geschah, ist daher von einem Historiker
kaum zu beantworten. Die Archäologie hat für die Zeit des römischen Reiches Handel zwischen den Römern und dem mi-
litärisch nicht eroberten Dänemark festgestellt, doch sind die
näheren Umstände dieser Kontakte nicht bekannt. Diese Überlieferungslage änderte sich erst, als Vertreter des Nordens zumindest wiederholte Berührungen mit einem Milieu hatten, das
sich für ihre Erfahrungen interessierte und das diese Erfahrungen aufschrieb und überdachte.

Die Begegnung zwischen den christlichen Westeuropäern und
den überwiegend heidnischen Nordleuten verlief in der frühen
Phase unseres Untersuchungszeitraumes zunächst sehr unter-
schiedlich: Einmal als eine etwas zaghaft begonnene christliche

Missionsbewegung aus dem fränkischen Kaiserreich in die Königreiche des Nordens und umgekehrt als heftige Heimsuchung dieses christlichen Frankenreiches und der englischen Inseln durch Wikingerüberfälle aus dem zu bekehrenden Norden. Diese Überfälle begannen noch vor den ersten intensiveren fränkischen Missionsbemühungen, und sie erschwerten sie zunehmend, aber ihren wirklich problematischen Schwung erlangten sie erst seit den 840er Jahren.

Die Mission des Nordens wurde zu einem Anliegen des fränkischen Reichs, nachdem Karl der Große die Sachsen unterworfen und in einem energischen Bekehrungsprozeß zum Christentum geführt hatte. Dies war ein langer und blutiger Vorgang gewesen, der erst nach der Jahrhundertwende einen gewissen Abschluß fand, als mit Münster, Osnabrück, Bremen, Paderborn und Minden das eroberte Sachsenland 804/5 eigene Bistümer erhielt. Diese Bistümer führten nun das christliche Frankenreich in seiner Ausdehung bis an die dänische Grenze heran.

Der vielleicht bedeutendste Missionar in der folgenden ersten Missionsphase, der heilige Ansgar (ca. 801–865), war ein Mönch aus dem Kloster Corvey an der Weser, das im Zuge der Christianisierung des Sachsenlandes gegründet worden war. Auch der zweite Mann der Kirche, der in der Mission des Nordens anfangs eine bedeutende Rolle spielen sollte, hatte eine gewisse Verbindung nach Sachsen. Dem Erzbischof Ebo von Reims (816–835 und 840–841) sagte man eine sächsische Herkunft nach, und als er in den Wirren nach dem Tode Ludwigs des Frommen (840) seine Position im fränkischen Machtgefüge und sein Erzbischofsamt verloren hatte, starb er schließlich in Hildesheim (851).

Zunächst befand sich Ebo aber in dem bedeutenden Amt eines Erzbischofs von Reims. Reims war gewissmaßen die Mutter des fränkischen Christentums, weil hier der Überlieferung nach Chlodwig kurz vor dem Jahre 500 die Taufe empfangen hatte. Seine fränkischen Untertanen waren ihm dann allmählich in den neuen Glauben gefolgt. Die Erzdiözese Reims lag im Kern des Frankenreiches. Erzbischof Ebo reiste um 823 nach Dänemark, um dort mit einem gewissen Erfolg das Evangelium zu predigen. Mehr erfahren wir nicht aus einer knappen Mitteilung der Reichsannalen, die feststellen, daß der Erzbischof 823

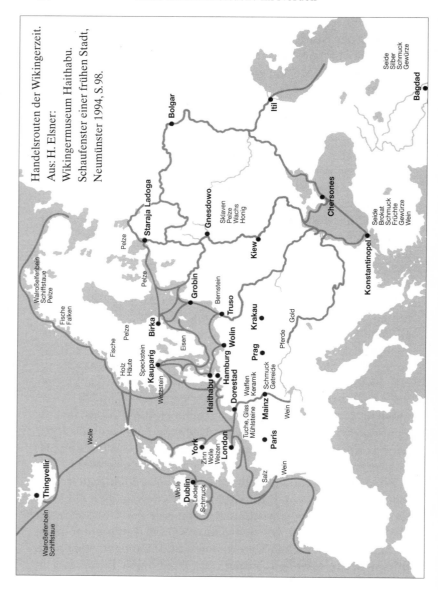

Handelsrouten der Wikingerzeit.
Aus: H. Elsner:
Wikingermuseum Haithabu.
Schaufenster einer frühen Stadt,
Neumünster 1994, S. 98.

von dieser Missionsreise zurückkehrte, die er nach dem Rate des Kaisers und mit der Unterstützung des Papstes durchgeführt hatte. Noch in seinen letzten Lebensjahren hatte Karl der Große († 814) an der Nordgrenze seines Reiches Friedensverhandlungen mit einem dänischen König geführt, und er konnte dabei ein Problem kennenlernen, das für einen fränkischen Herrscher noch ungewohnt war: es stand keineswegs fest, welcher der Potentaten, die sich Könige nannten, den Anspruch auf eine solche Machtstellung auch durchsetzten konnte. Im Gebiet zwischen der Ostseeküste und der Elbe lebten die slawischen Abodriten. Sie waren Heiden, aber sie waren Karls Verbündete. In Dänemark hören wir in diesen Jahren wiederholt von einem König Gudfred oder Göttrik († 810). Im Sommer des Jahres 804 war Gudfred mit einem Heer an die dänisch-sächsische Grenze bei Schleswig gezogen, um dort mit Karl dem Großen zusammenzutreffen. Doch dazu kam es nicht. Der dänische König war mißtrauisch geworden und beschränkte sich darauf, seine Anliegen durch Gesandte vortragen zu lassen. Wir können nicht ermessen, welche Rolle Gudfred in Dänemark spielte. Die Fränkischen Reichsannalen, die diese Episode überliefern, nennen ihn einen *Rex Danorum*, doch ist die Ausdehnung seiner Herrschaft nicht zu erkennen. Es ist allerdings zu erkennen, daß sich Gudfreds Ambitionen nicht auf Skandinavien beschränkten, denn wenige Jahre nach den Verhandlungen an der Grenze überfiel er mit seinen Leuten die Abodriten, und das war auch eine Provokation für des Kaisers. Um 810 ließen die Übergriffe entlang der sächsischen Grenze nach, denn der Dänenkönig war das Opfer eines Anschlages geworden. Nun brach ein Streit um die Herrschaft in Dänemark aus, was die Grenze entlastete. Die streitenden Parteien sind uns aus der fränkischen Darstellung bekannt. Zu den Franken kamen alsbald unterschiedliche dänische Anführer, um Verbündete zu werben. Wir können im Wesentlichen die Söhne Gudfreds auf der einen Seite und einen Konkurrenten mit Namen Harald (Klak) auf der anderen Seite unterscheiden. Sie kämpften untereinander um die Macht im Land und kamen von Zeit zu Zeit an den kaiserlichen Hof, um Unterstützung zu erbitten. So bekamen die Kontakte der Franken mit den Dänen einen anderen als nur kriegerischen Charakter.

Die frühen fränkisch-dänischen Kontakte (804–826)
Reichsannalen

804

Der Kaiser brachte den Winter in Aachen zu. Im Sommer aber zog er mit einem Heere nach Sachsen und führte alle Sachsen, welche jenseits der Elbe und in Wihumodi [einem Gau zwischen Elbe und Weser] wohnten, mit Weib und Kind ins Frankenland ab und gab die überelbischen Gaue den Abodriten. Zu derselben Zeit kam der Dänenkönig Gudfredus mit seiner Flotte und der ganzen Ritterschaft seines Reichs nach Schleswig auf der Grenze seines Gebiets und Sachsens. Er hatte nämlich versprochen, zu einer Unterredung mit dem Kaiser zu kommen, aber er ließ sich durch den Rat seiner Leute abhalten, näher zu kommen und ließ alles, was er wollte, durch Gesandte ausrichten. Der Kaiser lagerte zu Hollingstedt an der Elbe, ließ von da eine Gesandtschaft an Gudfredus abgehen wegen der Auslieferung der Überläufer und kam Mitte September wieder nach Köln zurück.

817

Die Söhne des Dänenkönigs Gudfredus schickten wegen der unausgesetzten Angriffe, die sie von Harald zu bestehen hatten, eine Gesandtschaft an den Kaiser, ließen um Frieden bitten und erboten sich, ihn zu halten; weil man dies aber mehr für Heuchelei als für aufrichtigen Ernst hielt, so kümmerte man sich wie um leere Worte nicht darum und gab dem Harald Unterstützung gegen sie.

822

Von Seiten der Dänen blieb in diesem Jahr alles ruhig, Harald wurde von den Söhnen des Gudfredus zur Teilnahme an der Herrschaft zugelassen, was, wie man glaubt, den gegenseitigen Frieden unter ihnen zur Folge hatte.

823

Es war auch aus dem Nordmannenland Harald gekommen, der um Hilfe bat gegen die Söhne des Gudfredus, die ihn aus dem Land zu jagen drohten. Um seine Sache genauer zu untersuchen, wurden die Grafen Theothar und Rodmund an die Söhne des Gudfredus abgesandt. Diese zogen dem Harald voraus, verschafften sich von der Sache der Söhne des Gudfredus und dem Zustand des Nordmannenreichs genaue Kenntnis und teilten dem Kaiser alles mit, was sie an Ort und Stelle hatten erkunden können. Mit ihnen kehrte der Erzbischof Ebo von Reims wieder zurück, der nach dem Rat des Kaisers und mit Ermächtigung des Papstes in das Land der Dänen gezogen war, um das Evangelium zu predigen, und im verflossenen Sommer viele von ihnen bekehrt und getauft hatte.

826
Zur selben Zeit langte Harald mit seiner Gemahlin und einer großen Zahl Dänen an und ließ sich mit seinen Begleitern zu St. Albans in Mainz taufen. Vom Kaiser reichlich beschenkt, kehrte er durch Friesland auf dem Wege, auf dem er gekommen war, wieder heim. In dieser Landschaft war ihm die Grafschaft Rüstringen angewiesen, um sich im Notfall mit Hab und Gut dahin zurückziehen zu können.

Seit 814 erschien der ‚Dänenkönig‘ Harald wiederholt auf den Hoftagen von Karls Sohn Ludwig. Harald vermochte aus eigener Kraft seine Position in Dänemark nicht zu stärken, denn zum Jahre 826 berichten die Reichsannalen, daß Harald mit seiner Gemahlin und einem großen Gefolge nach Mainz gekommen sei, um für sich und seine Begleiter die Taufe zu empfangen. Hier setzt nun eine etwas breitere Überlieferung ein, die uns eine genauere Betrachtung des Vorgangs und ein besseres Verständnis erlaubt. Denn neben der Mitteilung der fränkischen Reichsannalen über die Taufe des Dänenkönigs gibt es noch eine Schilderung dieser Taufe in einem Lobgedicht auf Ludwig den Frommen, das schon bald nach den Ereignissen abgefaßt wurde. Darin gibt es eine detailreiche Darstellung des Taufrituals, deren wichtigster Aspekt für uns darin besteht, daß der Kaiser als Taufpate des Dänenkönigs auftrat. Eine solche Taufpatenschaft begründete ein besonderes Verhältnis zwischen dem Kaiser und dem

Täufling, das im Ritus der Taufe seinen sinnbildlichen Ausdruck fand. Der Pate übergab dem Getauften das weiße Taufkleid und Ludwig übergab dem getauften Dänenkönig auch die Krone und das Schwert und einen vollen Königsornat. So stattete er ihn symbolisch mit einer christlich fundierten Königsmacht aus. Indem der Kaiser den dänischen König aus der Taufe hob und mit den Insignien der Königsherrschaft ausstattete, begründete er eine klare Hierarchie. Das Königtum des getauften Dänen sollte künftig ein vom Kaiser abhängiges Königtum sein. Der Kaiser war auch für die künftige christliche Lebensweise des Dänenkönigs – und seiner Untertanen – verantwortlich, und das bedeutete, er mußte für die Mission Dänemarks Geistliche bereitstellen. Andererseits führte aber diese Auftragslage dazu, daß die künftigen dänischen Christen, die von Geistlichen der fränkischen Reichskirche bekehrt worden waren, nun selber Mitglieder der Reichskirche wurden. Der kirchliche Rechtsstatus des neu zu gewinnenden christlichen Nordens würde also ein abhängiger Status sein. In der kirchlichen Organisation der Missionsgebiete gab es dafür einen klaren Anhaltspunkt. Die neuen Gebiete sollten kein eigenes Erzbistum erhalten, sondern die vorgesehene Bistumsgliederung sah eine Einteilung in Bischofssitze vor, die weiterhin von einem neugegründeten Erzbistum in Hamburg abhängig wären. Dies war das Modell für die kirchliche Einteilung des Nordens während der ersten 300 Jahre. Es war ein hegemoniales Konzept, das der Kaiser mit seinen Erzbischöfen und Bischöfen für ihre künftigen Beziehungen zum Norden entwarf. Aber noch war das ein Entwurf. Um daraus eine historische Realität werden zu lassen, bedurfte es realer Menschen. Menschen, die bereit und fähig waren, den Heiden im Norden die christliche Lehre nahezubringen. Hier sind wir nun in der sehr konkreten europäischen Erfahrungswelt angelangt. Es war eine spannende Welt.

Ansgars Mission

Den Einblick in diese Welt verdanken wir der Lebensbeschreibung des bedeutendsten Missionars im Norden in dieser frühen Phase der Mission. Das Leben des heiligen Ansgar, aufgeschrieben um 870 von seinem Nachfolger Rimbert, gibt ein lebensvolles Bild von diesen Vorgängen. Der Verfasser hatte seinen Protagonisten selber gekannt, und er kannte die Schwierigkeiten, vor die er gestellt war, weil er dessen Werk nun weiterführte. So kannte er auch die Schauplätze, über die er schrieb. Rimbert schildert die Taufe des Dänenkönigs Harald als den Beginn engerer Kontaktversuche. Nach der Taufe Haralds habe Kaiser Ludwig fähige Seelsorger gesucht, die den Dänen nach Hause begleiten konnten, um seinen Glauben zu vertiefen und seine Untertanen zum Glauben zu führen. Auf einem Hoftag in Ingelheim bat der Kaiser die Großen seines Reiches um Vorschläge. Doch niemand wußte einen Namen für eine solch gefährliche Aufgabe zu nennen (*peregrinatio tam peligrosa*). Allein Ansgars Name wurde von seinem Abt genannt. So lud ihn der Kaiser an seinen Hof. Vor dem Kaiser erklärte Ansgar nun seine feste Bereitschaft, Harald zu begleiten. Auch als sein Abt ihm ausdrücklich zu verstehen gab, daß er dies nicht aus Gehorsam, sondern allein aus freiwilligem Entschluß tun dürfe, blieb er bei seiner Entscheidung. Er ließ sich auch nicht dadurch beirren, daß sein Entschluß mit Verwunderung und auch mit offener Ablehnung aufgenommen wurde. Man warf ihm vor, daß er für ein ungewisses Leben unter Barbaren seine Heimat und seine Familie verlassen wolle. Daß Ansgar sein Leben und auch die Annehmlichkeiten seines Lebens für so ein ungewisses Abenteuer aufs Spiel setzte, blieb seinen Zeitgenossen unverständlich.

Die Anfänge von Ansgars Mission:
Rimbert, Vita Anskarii, Kap. 7

Damit wurden sie vom Kaiser entlassen; für irgendwelche Dienstleistungen hatten sie keinen einzigen Begleiter; denn von den Leuten des Abtes wollte niemand freiwillig mit ihnen ziehen, und Zwang mochte man dabei nicht ausüben. Auch ihr Schützer Harald, getauft, doch kaum belehrt, wußte nicht, wie man Diener Gottes behandelt. Nicht mehr kümmerten sich seine neubekehrten, aber ganz anders gesitteten Gefolgsleute um sie. So bereitete ihnen bereits die Reise bis Köln schweres

Ungemach. Dort erbarmte sich der damalige hochwürdigste Erzbischof Hadubald ihrer Not; er schenkte ihnen zum Verstauen ihrer Ausrüstung ein stattliches Schiff, auf dem sich zwei recht bequem eingerichtete Kajüten befanden. Als Harald das sah, entschloß er sich, selbst dieses Schiff gemeinsam mit den beiden zu benutzen; er wollte die eine, sie sollten die andere Kajüte beziehen. Dadurch wurden sie allmählich vertrauter und aufgeschlossener. Auch Haralds Leute leisteten ihnen seitdem mit größerer Aufmerksamkeit Handreichungen. Von Köln ging die Fahrt über Dorestadt und durch das benachbarte Friesland bis nahe an dänisches Gebiet.

Diese Begleiterscheinungen sind wichtig für unser Thema. Sie dienen ganz offenbar nicht nur dazu, die heroische Entschlußkraft des späteren Heiligen besonders hell erstrahlen zu lassen, sondern es ist klar, daß hier wirkliche Bedenken gegen diese Mission geäußert wurden. Das Unternehmen galt als gefährlich. Solche Bedenken wurden offenkundig auch von Ansgars Abt geteilt. Denn obwohl die benediktinischen Mönchsklöster dieser Epoche eine aristokratisch bestimmte Gesellschaft waren, war der Abt nicht bereit, dem Missionar bedienstete Gefolgsleute mitzuschicken. Ansgar und ein Mitbruder, der darauf bestand, ihn begleiten zu wollen, mußten allein reisen. *Das tat der hochwürdige Abt gewiß nicht aus Lieblosigkeit; vielmehr galt es damals als abscheulich und unrecht, jemanden gegen seinen Willen zu einem Leben unter Heiden zu zwingen.*

Die Feststellung, daß die Aufgabe freiwillig (*sponte*) übernommen wurde, spielt in dieser gesamten Passage eine zentrale Rolle. Und das hatte gute Gründe, denn die beiden Missionare hatten einen schwierigen Auftrag übernommen, bei dem sie im Wesentlichen auf sich selbst gestellt waren. Auch die neu getauften Dänen waren keine große Hilfe. Rimbert schildert, wie die Reise nun über Dorestadt durch Friesland bis nahe an die dänische Grenze ging. Hier hatte der Kaiser Harald ein Lehen angewiesen, von dem aus er sich offenbar um erneuten Einfluß in Dänemark bemühte. Die Missionare hatten also einen eingeschränkten Wirkungsbereich und eingeschränkte Wirkungsmöglichkeiten. Tatsächlich blieben sie wohl diesseits der dänischen Grenze und ihre Tätigkeit bestand vor allem darin, dänischen Kindern einen christlichen Schulunterricht zu erteilen. Rimbert berichtet, daß die Missionare zu diesem Zweck den Heiden Kinder abgekauft hätten, die sie zum künftigen Priesterdienst ausgebildet hätten. Zwar stellte Rimbert fest, daß die Zahl der Geretteten täglich wuchs, doch gibt es dafür keinerlei konkretere Anhaltspunkte. Die Schule, die die Missionare aufbauten, blieb wohl klein. Nach zwei Jahren erkrankte Ansgars Begleiter Autbert und starb. Für Ansgar gab es eine neue Herausforderung, denn Kaiser Ludwig wurde durch schwedische Gesandte um Missionare gebeten, und erneut richtete sich der Blick auf Ansgar. Der reiste nun mit zwei Begleitern nach Birka, um die schwedische Mission zu beginnen.

Ansgars schwedische Mission
Rimbert, Vita Anskarii, Kap. 10

Ansgar übernahm also die vom Kaiser übertragene Legation; er sollte nach Schweden reisen und prüfen, ob das Volk wirklich zur Annahme des Glaubens bereit sei, wie die Gesandten berichteten. Von den zahlreichen beträchtlichen Unannehmlichkeiten, die diese Sendung ihm auferlegte, könnte Pater Witmar als Augenzeuge mehr erzählen. Ein Beispiel soll mir genügen; als sie etwa die halbe Strecke zurückgelegt hatten, begegneten ihnen Seeräuber. Die Händler auf ihrem Schiffe verteidigten sich mannhaft und anfangs auch erfolgreich; beim zweiten Angriff jedoch wurden sie von von den Angreifern völlig überwältigt und mußten ihnen mit den Schiffen alle mitgeführte Habe überlassen, kaum konnten sie selbst entrinnen und sich an Land retten. Auch die königlichen Geschenke, die sie überbringen sollten, und all ihr Eigentum gingen dabei verloren bis auf Kleinigkeiten, die sie zufällig beim Sprung ins Wasser bei sich hatten und mitnahmen. Unter anderem büßten sie durch die Räuber etwa 40 Bücher ein, die für den Gottesdienst zusammengebracht worden waren.

An den Stationen, an den Transportmitteln und auch an den
Erlebnissen von Ansgars Missionsreisen läßt sich erkennen, wie
eng diese Mission mit den bereits bestehenden Kontakten zwischen dem Norden und Westeuropa verbunden war. Allein die
Reise Ansgars über Köln, Dorestadt und durch Friesland folgte
einer zentralen Handelsroute dieser Epoche. Dorestadt, ca.
20 km südwestlich des heutigen Utrecht gelegen, war im Norden das
bedeutendste Handelszentrum der Zeit. Der Rhein war die
wichtigste Handelsstraße im Hinblick auf den Handel entlang
der Nordseeküste, aber auch im Hinblick auf den Handel in
der Ostsee, wie man an der Reise nach Birka erkennen kann.
Hier lag das Ende einer Handelsroute, die bei Köln ihren Anfang nahm. Die Archäologen haben dies durch die Bestimmung
ausgegrabener Handelsgüter feststellen können. Es war eine
Schiffsroute, die allerdings an einer Stelle die jütländische Halbinsel überqueren mußte, wollte sie nicht lange Umwege in Kauf
nehmen. Dies geschah an einer schmalen Stelle zwischen Hollingstedt an der Nordseeseite und dem heutigen Schleswig an
der Ostseeseite, wo die Schlei weit ins Land hineinschneidet und
so ein frühes Umladen von den Transportkarren auf die Schiffe
erlaubt. Damals hieß dieser Verladeplatz Haithabu und war
neben Dorestadt, Birka und dem dänischen Ribe einer der bedeutendsten Handelsplätze des damaligen Nordens. Herbert
Jankuhn, der Ausgräber Haithabus und der beste Kenner dieses
Handelsplatzes, hat darauf hingewiesen, daß Ansgars Mission
sich offenkundig auf die Kaufleute des Nordens konzentrierte,
die an diesen Handelsplätzen zusammenkamen, weil die Mission
hier auf ein vergleichsweise günstiges und aufnahmebereites gei-
stiges Klima hoffen konnte. So hören wir auch in Rimberts Vita
wiederholt von der Verbindung zwischen Birka und dem frie-
sischen Dorestadt. Zwar konnte Friesland nicht gerade als Mut-
terboden des christlichen Abendlandes gelten – der berühmte
Bonifatius war noch 754 bei seinen Missionsversuchen von den
Friesen erschlagen worden –, aber unter den Kaufleuten in
Dorestadt hatte das Christentum Erfolg gehabt. So war es in
Birka üblich gewesen, zur Taufe nach Dorestadt zu reisen, solange man keine eigenen Priester hatte. Wir können das der Äuße-
rung eines alten Mannes in Birka entnehmen, der in einer Bera-

tung darüber, ob in Birka Priester zugelassen werden sollten, auf die Risiken der bisherigen Praxis verwies.

Fürsprache für die Anwesenheit christlicher Priester
in Schweden
Rimbert, Vita Anskarii, Kap. 27

Früher sind unsere Männer nach Dorestadt gegangen und haben diese Art Glauben freiwillig angenommen, weil sie seine Nützlichkeit einsahen. Jetzt lauern auf dieser Route viele Gefahren; durch räuberische Überfälle ist die Reise für uns sehr gefährlich geworden. Nun wird uns, was wir früher in der Ferne unter Mühen aufsuchten, hier geboten, warum sollen wir es nicht annehmen? Wenn wir die Gnade dieses Gottes uns in vielem nützlich befunden haben, weshalb sollen wir da nicht gern zustimmen, daß seine Diener bei uns weilen?

Auch das Testament einer in Birka gestorbenen Christin bestätigt den Eindruck von der Bedeutung Dorestadts als christlicher Ausgangsbasis. In dem Testament erteilt die Mutter ihrer Tochter den Auftrag, nach Dorestadt zu reisen, um den hinterlassenen Reichtum der Mutter zu verteilen: *Dort gibt es viele Kirchen, Geistliche und Arme in Menge.* An diesen Plätzen gab es also ein gewisses christliches Leben und die Missionare konnten auf eine günstige Aufnahme für ihre Botschaft hoffen.

Ansgar machte noch eineinhalb Jahre lang konkrete Erfahrungen in der schwedischen Mission und kehrte dann nach Hause zurück. Es hatte nun verschiedene Missionsanstrengungen gegeben. Ihre Erfolge sind nicht genauer zu erkennen, eine nüchterne Bilanz ist sicher angebracht. Den einen oder anderen schwedischen Heiden mochte Ansgar bekehrt haben. Für manchen christlichen Sklaven war Ansgars Mission sicher ein Trost. Er konnte ihnen Sakramente spenden und er konnte auch Nachrichten mit nachhause bringen. Tatsächlich berichtet die Lebensbeschreibung Ansgars immer wieder davon, daß die Missionare positiv aufgenommen wurden. Die dänischen Könige unterstützten ihre Mission und die Missionare sahen dies als einen Erfolg ihres Glaubens und seiner evidenten Wahrheit an. Doch war eine andere Erklärung für diese Missionsfreiräume sehr viel wahrscheinlicher. Die heidnischen Religionen hatten keine dogmatischen Glaubenslehren. Sie waren so vielgestaltig und so wenig festgeschrieben, daß ihre Inhalte für uns noch immer schwer zu fassen sind. So konnte ein dänischer König den Missionaren des christlichen Gottes leicht freie Hand lassen. Wenn sich die Verehrung dieses Gottes als nützlich erwies, konnte er sie sogar in das Spektrum seiner religiösen Riten aufnehmen. Wir würden dies allerdings falsch verstehen, wenn wir darin eine Übernahme des christlichen Glaubens sehen wollen. Tatsächlich herrschte hier ein hohes Maß an Pragmatismus. Die christlichen Missionare sahen in den zaghaften Ansätzen mitunter schon eine wirksame Glaubensüberzeugung. Für sie war die Exklusivität der christlichen Botschaft selbstverständlicher als für die Skandinavier, die noch ihre ersten Erfahrungen mit dem neuen Gott machten, der keine anderen Götter neben sich duldete. Ansgar sah die Aussichten bei seiner Rückkehr zum Kaiser positiv. In jedem Fall mußten die vorsichtigen Anfänge weiter betreut werden, und weitere Missionsreisen sollten eine gewisse institutionelle Unterstützung erhalten. Kaiser Ludwig erwog verschiedene Möglichkeiten der Einbindung der jungen Christen des Nordens in die bisherige Bistumsstruktur. Schließlich aber entschloß man sich zur Gründung eines Erzbischofssitzes in Hamburg, der mit der Mission betraut werden sollte. Dies geschah auf einer Synode im Jahr 831. Die Überlieferungslage ist nicht ganz eindeutig, aber es gibt eine Bestätigung der Ernennung Ansgars zum Erzbischof von Hamburg durch Gregor IV. Die Urkunde selber ist nicht datiert, aber unzweifelhaft echt. Gregor war Papst von 827–844. Die ganze Überlieferung ist also unmittelbar zeitgenössisch. Der Hamburger Erzbischof sollte die künftigen skandinavischen Bischöfe einsetzen können. Der Erzbischof selber war ein Reichsbischof. Das bedeutet, daß er neben seinem seelsorgerischen Hirtenamt auch eine hierarchische Stellung in der politischen Ordnung des Frankenreiches einnahm. Das Reich verfügte kaum über Institutionen, die in den unterschiedlichen Landschaften für eine Umsetzung der kaiserlichen Politik sorgten. Das Kaisertum verfügte über keinen effektiven eigenen Apparat. Diese Lücke wurde zu einem erheblichen Teil durch eine große Nähe zu den Strukturen der Kirche ausgeglichen. Für die Zeitgenossen war dies eine Selbstverständlichkeit, die Herrschaft und die kirchliche Hierarchie dienten einem Ziel: dem christlichen Leben der Untertanen eine Ordnung zu geben. Der Kaiser ernannte die Bischöfe. Sie entstammten hocharistokratischen Familien und sie waren mit den Erfordernissen an eine funktionierende menschliche Ordnung vertraut. Das Missionsprojekt hatte eine eindeutige hegemoniale Komponente. Die noch zu bekehrenden Christen des Nordens sollte der Reichskirche angehören und Ansgar wurde zu ihrem ersten Erzbischof geweiht. Das Ganze war ein Anspruch der Reichskirche auf die Zukunft. Dabei war völlig unklar, ob sie einen solchen Anspruch überhaupt einlösen konnte.

Rückschläge

Anfangs ließ es sich nicht gut an. Einige Jahre nachdem er den Erzbistumsplan seines Vaters für Hamburg umgesetzt hatte, starb Kaiser Ludwig 840 in der Nähe von Ingelheim. Diesmal gab es keine klare Nachfolgeregelung und schon bald begannen die Kämpfe seiner Nachfolger. Im Juni 841 kam es zur blutigen Schlacht zwischen den Söhnen Ludwigs, Karl (dem Kahlen), Ludwig (dem Deutschen) und Lothar. Zwei Jahre später wurde das große Reich unter den drei Brüdern aufgeteilt. Im Teilungsvertrag von Verdun (843) erhielt Karl das Westreich, das den Kern des späteren Frankreich bildete, Lothar ein Mittelreich, das sich in den Folgekämpfen nicht behaupten konnte, und Ludwig den Ostteil, aus dem später Deutschland hervorging. Die Überlieferung läßt kaum einen Zweifel daran, daß die Bruderkämpfe und Teilungen sich nachteilig auf die gerade erst begonnene Mission im Norden auswirkten. Hamburg hatte keinen guten Start. Denn *während Diözese und Mission sich gottgefällig entwickelten, tauchten ganz unerwartet wikingische Seräuber mit ihren Schiffen vor Hamburg auf und schlossen es ein.* Es blieb kaum Zeit, das eigene Leben und die Reliquien des neuen Erzbistums zu retten. Was zurückblieb, wurde ein Opfer der Zerstörung. *Da*

*wurde die unter Leitung des Herrn Bischofs errichtete kunstreiche
Kirche und der prächtige Klosterbau von den Flammen verzehrt.
Da ging mit zahlreichen anderen Büchern die unserem Vater vom
erlauchtesten Kaiser geschenkte Prachtbibel im Feuer zugrunde.
Alles, was Ansgar dort an Kirchengerät und anderen Vermögens-
werten besessen hatte, wurde bei dem feindlichen Überfall durch
Raub und Brand ebenfalls vernichtet; ihm blieb nur das nackte
Leben.*

Das war 845. Die Heiden des Nordens hatten den Bemühungen um ihre Bekehrung zunächst einen Dämpfer versetzt und
mit dieser Aktion sicher manchen potentiellen Missionar noch
einmal zum Nachdenken veranlaßt. Auch bereits erlangte Positionen gerieten unter Druck. Im schwedischen Birka wurde der
christliche Missionsbischof nun überfallen und vertrieben. Auch
der zweite Missionslegat für den Norden, der Reimser Erzbischof Ebo, verlor sein Amt. Er konnte sich in den Kämpfen,
die nach dem Tode Ludwigs des Frommen und auch nach der
Teilung das Frankenreich erschütterten, nicht halten und verlor
sein Erzbistum. Die Reichsteilung von 843 hatte eine gewisse
Befriedung bewirkt. Doch war mit dieser Teilung die Notwendigkeit zu weiteren Teilungen zumindest wahrscheinlich geworden.
Die Teilung erfolgte nach den Regeln dynastischer Erb- und In-
teressenpolitik. Jeder berechtigte Erbe sollte einen angemes-
senen Anteil erhalten. Doch auch für die Erben Ludwigs des
Frommen trat der Fall ein, in dem sie ihre Nachfolge regeln
mußten. Lothar starb 855, Ludwig (der Deutsche) 876, Karl (der
Kahle) 877. Auch ihre Söhne machten Erbansprüche geltend.
Die Regelung dieser Ansprüche vollzog sich nicht immer einver-
nehmlich und so kam es in der späten Karolingerzeit immer wieder zu Machtkämpfen in den verschiedensten Allianzen. Das
waren keine guten Aussichten für das verheißungsvoll begonnene Missionsunternehmen im Norden. Doch gab es bei allen
Rückschlägen auch Hoffnung. Denn der heimatlos gewordene
Ansgar bewies Standfestigkeit. Zwar war der Sitz seines Erzbistums verwüstet. Doch wurde zur selben Zeit das Bistum Bremen vakant. Und so kam es dazu, daß Ansgar diesen freien
Bischofssitz erhielt. Daraus entstanden allerdings auch neue Probleme, denn Bremen unterstand dem Erzbischof von Köln, der

sich davon nur ungern trennen mochte, aber auf mittlere Sicht führte die neue Lösung zur Einrichtung des Missions-Erzbistums Hamburg-Bremen (863). Nach einiger Zeit nahm Ansgar seine Missionsreisen wieder auf. Die Bemühungen der Missionare um den Norden wurden indes in den folgenden Jahrzehnten von den Bemühungen der Skandinavier um das Frankenreich deutlich zurückgedrängt.

Energische Heimsuchungen: Wikingerüberfälle und erste Annäherungen im neunten Jahrhundert

Die Anfänge der normannischen Überfälle

Abermals erging an mich das Wort des Herrn: Was siehst du? Ich antwortete: Einen dampfenden Kessel sehe ich, sein Rand neigt sich von Norden her. Da sprach der Herr zu mir: Von Norden her ergießt sich das Unheil über alle Bewohner des Landes. Ja, ich rufe alle Stämme der Nordreiche – Spruch des Herrn – damit sie kommen und ihre Richterstühle an den Toreingängen Jerusalems aufstellen, gegen all seine Mauern ringsum und gegen alle Städte von Juda (Jer. 1, 13–15). Die Geistlichen des beginnenden 9. Jahrhunderts sollten in den kommenden Jahrzehnten häufiger Anlaß haben, diese Weissagung des Propheten Jeremia zu zitieren. Den Anfang machte Alkuin, geistlicher Berater Karls des Großen, in einem Brief an zwei Mönche des Klosters Lindisfarne in Northumbria, an der Ostküste Englands auf einer kleinen Insel gelegen: *Ihr lebt an der Küste, wo das Unheil zum ersten mal hereinbrach.* Das Unheil, das waren die Heiden von jenseits des Meeres, die Lindisfarne im Jahre 793 überfallen und geplündert hatten. Damit begann das Zeitalter der Wikinger. Lindisfarne war nicht irgendein Kloster. Es war ein Bischofssitz und seit seiner Gründung durch den iro-schottischen Missionar Aidan um 600 zu einem bedeutenden religiösen Zentrum und einer Ausbildungsstätte für den Priesternachwuchs geworden. Beda Venerabilis, der Chronist der englischen Mission, erzählt in seiner Kirchengeschichte, daß schon Aidans Nachfolger in Lindisfarne eine angemessene Kirche aus Eichenholz mit einem Reetdach gebaut habe, die später mit Blei verkleidet wurde. Lindisfarne war sicher ein lohnendes Ziel für einen Raubüberfall. Daß wir überhaupt von dieser Tat erfahren, zumindest, daß sie soviel Aufmerksamkeit gefunden hat, verdanken wir auch der

Tatsache, daß Alkuin angelsächsischer Herkunft war und daß ihn daher die Geschicke seiner christlichen Brüder in seinem Heimatland besonders interessierten. Alkuin war ein gebildeter, sensibler Mann. Er hatte die energische Schwertmission Karls des Großen in Sachsen kritisiert, und er machte sich Gedanken über den inneren Zustand der Christenheit. Tatsächlich formulierte Alkuin schon bei dieser ersten Reaktion auf einen normannischen Überfall ein Deutungsmuster für diese Heimsuchung einer christlichen Stätte, das in den nachfolgenden Jahrzehnten weite Anwendung fand. Der Überfall war, wie es bereits in der von Alkuin zitierten Vision Jeremias anklang, eine Strafe für die Sünden der Christen. Alkuin schreibt in seinem ersten Brief und auch in seinen weiteren Briefen, die er in derselben Sache nach Lindisfarne schickte, nichts über unzureichende Sicherheits- oder Verteidigungsvorkehrungen der heiligen Stätte. Er rief zur Einkehr auf, denn ein starker christlicher Glaube würde in Zukunft die Feinde überwinden.

Den Männern, die gelernt hatten, auf ihre Waffen zu vertrauen, war das nicht genug. Im Jahr 800 soll sich der Karl der Große zu einer Reise in die Küstenregionen seines Reiches aufgemacht haben, um die Verteidigung gegen die Normannen zu organisieren. Karl, der später im Jahr zum Kaiser gekrönt wurde, konnte sich mit dieser Frage nicht länger beschäftigen, die Regierung seines Riesenreiches hielt viele andere Probleme bereit. Allerdings kam es auch zu Lebzeiten Karls nicht mehr zu größeren Angriffen auf die Küsten.

In England blieb die Bedrohung nicht auf den Nordosten und die den Skandinaviern zugewandte Küste beschränkt. Um 800 hatten einige Männer des Königs von Wessex im Süden bei Portland eine Begegnung mit den Nordmännern. Als drei normannische Schiffe vor der Küste erschienen, nahm der verantwortliche Mann des Königs an, sie kämen, um Handel zu treiben und wies ihnen den Weg zu einem nahe gelegenen Gut des Königs. Er hatte ihre Absicht falsch gedeutet, denn nun griffen die Ankömmlinge zu ihren Waffen und töteten die Männer des Königs. Es ging also nicht nur gegen Klöster und Kirchen, und im Hinblick auf neuere Interpretationen, die in den Wikingern vor allem Händler sehen wollen, deren Absichten bisweilen mißver-

standen wurden, können wir sagen, daß die Absichten der Nordleute in diesem Fall zwar mißverstanden wurden, aber daß durch
dieses Mißverständnis die Theorie der genuin friedliebenden Wikinger nicht unbedingt gestärkt wird. Doch dauerte es noch bis
in die dreißiger Jahre, bis die Quellen eine deutlichere Zunahme
der normannischen Überfälle auf England erkennen lassen.
Ähnlich war es wohl auch in Irland, wo Überfälle auf Klöster
ebenfalls seit etwa 800 überliefert wurden und sich etwa alle
zehn Jahre ein weiterer Beleg finden läßt, aber wo gleichfalls seit
den dreißiger Jahren diese Überfälle eine andere Intensität
gewannen.

Insofern zeigt das Bild in England und Irland auffällige Paral-
lelen zu den Erfahrungen im Frankenreich, wo Friesland und das
Handelszentrum Dorestadt in den dreißiger Jahren heimgesucht
wurden. Für das Frankenreich hat man die Zunahme von Über-
fällen in der Mitte der dreißiger Jahre mit einer schweren Herr-
schaftskrise Ludwigs des Frommen in Verbindung gebracht. Die
älteren Söhne des Kaisers hatten ihre künftigen Rechte in Gefahr gesehen und sich gegen den Vater verbündet. Im Juni 833
waren die Heere Ludwigs und seiner Söhne bei Colmar aufein-
andergetroffen, ohne daß es zum Kampf kam. Es gelang Ludwigs Söhnen, dem Vater sein Gefolge so weit abzuwerben, daß
der sich ergeben mußte. Er hatte faktisch aufgehört, zu herrschen. Ludwig konnte zwar seinen Thron wiedererlangen, starb
aber 840 in der Nähe von Ingelheim, und damit begann der Zer-
fall des Karolingerreiches. Setzt man dieses Datum in Beziehung
zu der Chronologie der Normanneneinfälle, so ist ein Zusammenhang kaum zu übersehen. 841 überfielen die Nordmänner
Rouen. Dazu hatten sie die Seine eine Strecke weit hinauffahren
müssen. Wenige Jahre später fuhren sie den Strom noch weiter
hinauf und gelangten bis nach Paris. Das war im Jahr 845, in
demselben Jahr, in dem sie auch Hamburg überfielen und nie-
derbrannten. Zwar waren viele dieser Überfälle noch ‚Hit-and-
run‘-Aktionen, aber die Nordmänner konzentrierten sich nicht
mehr allein auf die Küstengebiete, wo sie mit ihren schnellen,
seegängigen Schiffen unerwartet auftauchen, zuschlagen und
zügig wieder verschwinden konnten. Um eine Flotte von 120
Schiffen – von dieser Zahl ist in der Überlieferung im Zusam-

menhang mit dem Überfall auf Paris 845 die Rede – die Seine gegen die Strömung hinaufzurudern oder zu ziehen benötigte man einige Zeit. Auch waren Schiffe zwar geeignet für den Abtransport von Beutestücken, aber für eine schnelle Fortbewegung von größeren oder kleineren militärischen Verbänden durch das Frankenreich waren sie nur begrenzt nützlich. Im Grunde waren ihre Wege berechenbar. Daß die Normannen so operieren konnten, zeigt, wie sicher sie sich fühlten und wie begrenzt die Möglichkeiten der Franken zur Gegenwehr waren. Letztlich werfen diese Vorgänge auch ein Schlaglicht auf die Ordnungs- und Herrschaftsstrukturen des Frankenreiches: Sie waren von begrenzter Effektivität.

Der Charakter der Normannenüberfälle

Wir können nur sehr schwer erkennen, inwieweit die Zustände im Frankenreich die normannischen Beutezüge herausforderten. Die fast parallele Chronologie der Überfälle auf die britischen Inseln sollte uns allerdings vorsichtig stimmen. Denn weder England noch Irland gehörten zum Reich Karls des Großen oder seines Sohnes Ludwig. Hier gab es nicht einmal einen König für die vergleichsweise kleine englische Insel. Der Überfall der drei Wikingerschiffe bei Portland um 800 hatte die Männer des Königs von Wessex das Leben gekostet. Was man heute als Grafschaften kennt, Wessex, Kent, East Anglia und andere, waren damals eigene Königreiche. So gab es keinen Herrscher für die gesamte Insel, dessen Aufgabe die Abwehr der Piraten gewesen wäre. Trotzdem hielten sich die Normannen während der ersten drei Jahrzehnte des neunten Jahrhunderts zurück. So gesehen reicht die Schwäche des Frankenreiches als Erklärung für die Chronologie der Überfälle nicht aus. Die Gründe werden wohl auch in der skandinavischen Entwicklung zu suchen sein, ohne daß wir sie allzu deutlich erkennen könnten. Motive wie eine Überbevölkerung in Norwegen und Dänemark, die vereinzelt von Chronisten des elften Jahrhunderts (Dudo, Adam v. Bremen) angeführt worden sind, oder die moderne Interpretation dieser demographischen Komponente, die einen wichtigen Grund in der Spannung zwischen einem exklusiven Erbrecht und wachsender Bevölkerungszahl sehen möchte – wodurch dann viele junge Männer ohne Erbteil blieben –, erscheinen nicht recht zwingend. Zum einen erscheinen die nordischen Länder im gesamten hier behandelten Zeitraum eher schwach besiedelt, zum anderen wäre ein Anwachsen der Geburtenrate wohl ein allmählicher Vorgang.

Exkurs: Gründe für den Beginn der Wikingerzüge
Die betroffenen Zeitgenossen geben für die Überfälle durch die Nordmänner in den Quellen keine historische Erklärung an und interessieren sich nicht für die Motive der Skandinavier. Sie verstanden die Überfälle als apokalyptische Heimsuchungen und beschrieben sie in biblischen Bildern. Das taten zumindest die wenigen Geistlichen, die sich mit dem Problem auseinandersetzten und deren Einschätzung uns überliefert ist. Es ist durchaus möglich, daß sich viele der Überfallenen diese Überfälle sehr viel einfacher erklärten: als Beutezüge, die sie auch von christlichen Räubern hatten erleben müssen. Das können wir allerdings nicht mehr feststellen. Im elften Jahrhundert, als die Zeit der Wikinger langsam abklingt, stellen die ersten Autoren Überlegungen über die sozialen Gründe der Wikingerzüge an. Der Franke Dudo von St. Quentin, der seine Geschichte der normannischen Herzöge (siehe unten S. 44–45) vor 1015 abschloß, sah einen Grund in der Promiskuität der Nordmänner. Sie lebten mit mehreren Frauen zusammen, hätten viele Kinder, wodurch häufige Erbstreitigkeiten folgten. So würden sie durch Los bestimmen, wer das Land verlassen müsse (De moribus et actis primorum Normannniae ducum, Kap. 1). Adam von Bremen schrieb in den 1070er Jahren über die Bewohner Norwegens: „Ohne Feindschaft leben sie an der Seite ihrer schwedischen Nachbarn, während sie von den ebenso armen Dänen manchmal recht erfolgreiche Angriffe hinnehmen müssen. Deshalb ziehen sie aus Mangel an Besitz in der ganzen Welt umher, bringen von Raubfahrten zur See die reichsten Güter aller Länder nach Hause und helfen so der Dürftigkeit ihres Landes ab." (Gesta Hammaburgensis ecclesiae Pontificum IV, 31). Tatsächlich fehlen uns alle Voraussetzungen, diese Erklärungen mithilfe unabhän-

giger Informationen zu überprüfen. Hier spielen soziale und psychologische Momente in einer Weise ineinander, die für uns kaum zu trennen sind. Wir wissen nicht einmal annähernd, wie viele Menschen zur Wikingerzeit im Norden Europas gelebt haben (vgl. dazu S. 50). Wir können auch keine deutlich erkennbaren Phasen stärkeren Bevölkerungswachstums feststellen. Dafür fehlen uns genauere Zahlen. Dazu kommt die Schwierigkeit, daß die Feststellung der Überbevölkerung eines Gebietes eine sehr unsichere Angelegenheit ist. Was dem einen schon erheblich zu voll ist, mag dem anderen als trostlose Leere erscheinen. Einheitliche Kriterien sind hier kaum möglich. Wollen wir uns nicht vollständig auf unsicheren Boden begeben und die fränkischen Quellenzeugnisse über die Wikingerüberfälle seit den 830er Jahren insgesamt für fragwürdig halten, was eine Tendenz der neueren Forschung zu sein scheint, dann können wir vielleicht einen Befund festhalten, der allerdings unsicherer ist, denn er stützt sich zum Teil auf eine Überlieferung, die deutlich nach den Ereignissen des neunten Jahrhunderts aufgeschrieben wurde. Doch ist der Unterschied zwischen den zitierten Berichten über Ansgars Mission und den etwa zeitgleichen Unternehmungen der Nordmänner sehr deutlich. Bei der Vorbereitung seiner Mission traf Ansgar auf Skepsis und Ablehnung. Warum soll ein Mann seine Heimat und seine Familie verlassen – für ein ungewisses Schicksal in der Fremde? Anders dagegen die Reaktionen im Norden: Hier ist immer wieder von Neugier die Rede, von dem Wunsch, neue Länder zu entdecken. Wer diesen Drang nicht verspürte, wurde kritisiert (vgl. auch S. 58–63 über die Vinlandfahrten). Die Nordmänner hatten ein Ziel vor Augen, und das mußte nicht heißen, daß sie ausschließlich friedliche Blicke darauf richteten. Die neuere Forschung hat sich mehr und mehr von dem Bild der raubenden Wikinger distanziert. Dadurch sind die Ziele der Wikingerfahrten etwas aus dem Blick geraten. Die Verbindung von lohnenden Zielen und der schnell verbreiteten Kunde von diesen lohnenden Zielen mit einer Haltung, die solchen Abenteuern gegenüber aufgeschlossen war, bietet eine mögliche Erklärung für das schwunghafte Einsetzen der Wikingerfahrten seit den 830er Jahren.

Sind die Gründe auch unklar, so ist der Befund trotz aller moderner Quellenkritik doch erkennbar. Seit den vierziger Jahren sind etwa die Annalen von St. Bertin in Flandern Jahrbücher der Normannenüberfälle. Die Heiden tauchen plötzlich auf, überfallen die hilflosen Männer der Kirche, töten, rauben Kirchenschätze, nehmen Geiseln und Gefangene mit sich. Solange Klöster, wie St. Bertin, St. Germain-des-Prés in Paris oder St. Vaast bei Arras, die Leidtragenden dieser Normannenüberfälle waren und sie gleichzeitig die Überlieferung dominierten, solange geriet das Bild dieser ersten heftigen Welle von Wikingerzügen recht einheitlich. Es ist ein Bild voller Gewalt und Zerstörung. *Die dänischen Seeräuber, die von Nantes flußaufwärts zogen, kamen am 8. November ungestraft nach Tours und brannten es samt der Kirche des heiligen Martin und den übrigen nahegelegenen Orten nieder.* So berichten die Annalen von St. Bertin zum Jahre 853. Tours lag nicht an der Küste. Um die Stadt zu erreichen war eine längere Fahrt landeinwärts erforderlich. Allmählich aber veränderte sich der Charakter dieser zunehmend auch das Landesinnere bedrohenden Züge. Damit war nicht unbedingt ihre Gewalttätigkeit gemeint. Denn noch im Jahre 884, also bereits eine Generation nach dem Überfall auf Hamburg und Paris, schildern die Annalen von St. Vaast bei Arras die Normannenüberfälle als grausame Heimsuchungen. Darin schwang manche Übertreibung mit, aber schon die Tatsache, daß etwa das monastische Leben in der – späteren – Normandie, wo um Rouen und die Seinemündung herum die Angriffe auf das Westfrankenreich begonnen hatten, während des gesamten 10. Jahrhunderts kaum erkennbar ist, zeigt, wie nachhaltig die Zerstörungen der Klöster und die Vertreibungen der Mönche aus diesem Gebiet im 9. Jahrhundert gewirkt haben.

Jahrbücher von St. Vaast zum Jahr 884

Im Jahre des Herrn 884. Um diese Zeit starb Bischof Engelwin von Paris und Abt Gauzlin trat an seine Stelle. Die Normannen aber hörten nicht auf, das christliche Volk in Gefangenschaft zu führen und zu töten, die Kirchen zu zerstören, die Mauern niederzureißen und die Dörfer zu verbrennen.

Auf allen Straßen lagen die Leichen von Geistlichen, von adligen und anderen Laien, von Weibern, Jugendlichen und
Säuglingen; es gab keinen Ort wo nicht Tote lagen; und es war
für jedermann eine Qual und ein Schmerz zu sehen, wie das
christliche Volk bis zur Ausrottung der Verheerung preisgege-
ben war.

Dennoch änderten diese Aktionen ihren Charakter. Aus der
Sicht der Wikinger war es einfacher, Hamburg zu überfallen und
dann heimwärts nach Dänemark zu segeln. Die Überfälle auf
Paris und Tours erforderten ein anderes Vorgehen. Hier konnte
die Sommersaison zu kurz werden. So kam es zu Beginn der
fünfziger Jahre dazu, daß die ersten Normannenverbände im
Frankenreich überwinterten, etwa auf der Seineinsel Jeufosse
auf halbem Wege nach Paris (853 und 856). In den sechziger Jahren wurden die Normannenverbände so groß, daß sich in der
Forschung der Begriff der ‚großen Armee' eingebürgert hat. Wie
groß diese zusammenhängend operierenden militärischen For-
mationen waren, die nun zu einer festeren Größe in den Machtkämpfen des Karolingerreiches wurden, ist dabei durchaus unklar. Es gibt keine verläßlichen Zahlen. Als die ‚große Armee'
885 Paris belagerte, soll sie über 30000 Krieger mit 700 Schiffen
gezählt haben. Diese Zahlen erscheinen allerdings um ein Viel-
faches überhöht.

Bei aller Unsicherheit über die numerische Stärke, bei aller
Unklarheit darüber, woher diese Normannen kamen – denn darüber geben die fränkischen Quellen ebenfalls keine brauchbaren
Informationen: In gewisser Weise wurden diese Normannen berechenbar. Schon die zitierten Annalen von St. Bertin, die von
dem Überfall auf Tours und von der Zerstörung der Stadt berichtet hatten, stellten fest, daß man das Kommen der Piraten
sicher vorhergewußt hätte, und daß man so die Reliquien des
hl. Martin in Sicherheit bringen konnte. Größere Verbände
konnten nicht einfach verschwinden. Da sie so ihren Überra-
schungscharakter verloren, da auch die normannischen Waffen
den fränkischen nicht überlegen waren – es verhielt sich eher
umgekehrt –, waren die ersten Niederlagen der Normannen im

Grunde eher eine Frage der Zeit. Wenn wir zudem sehen, daß manche dieser Züge ihre Basis nicht mehr in der skandinavischen Heimat hatten, sondern ihren Ausgang von der englischen Insel nahmen, um dann lediglich den Kanal zu überqueren, dann gelangt ein weiterer Aspekt dieser Normannenzüge in unseren Blick, der für unser Thema der Integration eine erhebliche Bedeutung hat: die Ansiedlung der Dänen und Norweger in England, Irland und schließlich auch im Frankenreich.

Normannische Ansiedlungen

In England ist der Vorgang wohl am deutlichsten und am frühesten zu beobachten, wenn wir einmal die verschiedenen, aber letztlich erfolglosen Ansiedlungen in Friesland, die mit dem bereits zitierten König Harald begannen, zurückstellen. Der Vorgang der Ansiedlung stellt in gewisser Weise den Mikrokosmos der normannischen Integration dar. Wir können ihn allerdings nicht allzu akribisch verfolgen, da die Quellenlage das nicht zuläßt. Aufschluß über diesen Prozeß vermittelt uns im wesentlichen die Sprachgeschichte, da die Ortsnamen und die Namen von Ansiedlungen oftmals die einzige historische Spur sind, die die vormals normannischen Siedler hinterlassen haben. In England führten die fortgesetzten, vor allem dänischen Angriffe schon nach einiger Zeit dazu, daß sich etliche der Invasoren im Land niederließen. Das war nicht immer eine friedliche Landnahme. 866 eroberten sie York und weiteten in den folgenden Jahren ihren Einfluß bis nach London hin aus. In Northumbria und in East Anglia gewannen sie die Oberhand. Doch es formierte sich Widerstand, der insbesondere mit dem Namen Alfreds des Großen (871–899) verbunden ist. Er baute nach seinem Herrschaftsantritt im Königreich Wessex 871 die Grundlagen seiner Macht, auch seine militärische Position energisch aus, und es gelang ihm, das normanische Vordringen durch militärische Siege zu beenden. Das Einflußgebiet der Dänen wurde begrenzt, der Teil Englands, in dem dänische Gesetze und dänische Herrschaft galten, heißt nach einer Begriffsprägung des zehnten Jahrhunderts *Danelaw*. Von dort zogen immer wieder größere Grup-

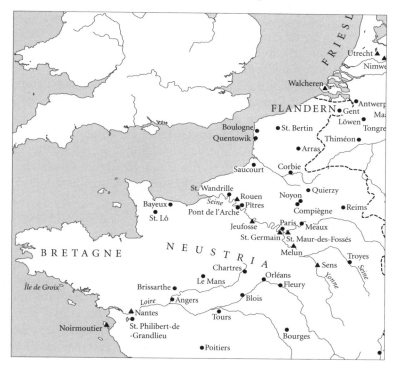

Winterquartiere der Wikinger im Frankenreich. Aus: Die Wikinger. Geschichte und Kultur eines Seefahrervolkes, Stuttgart 2000, S. 37.

pen hinüber ins Frankenreich. Bei Chartres gelang es dem westfränkischen König Karl dem Einfältigen 911 in einer günstigen Konstellation den Normannen Rollo und seine Männer zu besiegen. Er bot den Normannen offenbar Land zur Ansiedlung. Im Gegenzug verpflichteten sich die Normannen zur Treue gegenüber dem fränkischen Herrscher und ließen sich taufen. Die Vereinbarung ist als der *Vertrag von Saint Claire-sur-Epte* in die Geschichtsbücher eingegangen. Einen Vertragstext gibt es allerdings nicht. Der konkrete Beleg für die Abmachung findet sich in einem ganz anderen Zusammenhang, nämlich in einer Besitzbestätigung für das Kloster St. Germain-des-Prés aus dem Jahre 914. Dort wird das Gebiet um Rouen en passant erwähnt, das den Normannen zur Ansiedlung überlassen worden sei: *zum*

Schutze des Königreiches. Das Land befand sich im Mündungsgebiet der Seine und um die Stadt und den Erzbischofssitz
Rouen herum. Rollo und seine Leute nahmen das Angebot an.
Wir werden darauf zurückkommen müssen, welche weitere Entwicklung diese Normannenansiedlung nahm, aus der das spätere
Herzogtum Normandie wurde. Zunächst halten wir fest, daß
etwa 70 Jahre nachdem die Normannen die Überfälle auf das
westfränkische Reich mit einem Überfall auf Rouen begonnen
hatten (841) eine Gruppe dieser Nordleute sich anschickte, in
eben dieser Gegend heimisch zu werden. Sie, deren Großväter
als wilde Heiden die Kirchen und Klöster der Umgebung gründ-
lich zerstört hatten, ließen sich nun taufen.

Taufen von Normannen hatte es schon früher gegeben und sie
hatten sich wiederholt als problematisch erwiesen. Hier sind wir
nun mitten im Problem der Integration. Denn die Taufe war für
die Zeitgenossen das zentrale Instrument der Integration. Durch
die Taufe wurde der Getaufte in die Gemeinschaft der Christen
aufgenommen. Das war nicht nur ein persönliches Bekenntnis,
die Taufe schuf erst die gemeinsame Grundlage für gültige Ver-
träge. Von den Getauften verlangte der Vorgang im Grunde eine
Veränderung ihrer Lebensweise, so weit diese von den gentilen
heidnischen Kultformen geprägt war. Das war nicht wenig, denn
diesen kultischen gemeinsamen Handlungen kam mitunter ein
hoher identitätsstiftender Charakter zu. Wie schwer es war, die
Menschen durch die Taufe zu einem neuen christlichen Selbstverständnis zu führen, sehen wir in den wiederholten Klagen
verantwortlicher Kirchenmänner über die Rückfälle bereits ge-
taufter Normannen in die alten heidnischen Sitten. Das Problem
des Religionswechsels war das zentrale Problem der gemeinsamen Identität dieser Epoche und es ist auch der am anschau-
lichsten überlieferte Aspekt des Integrationsthemas in dieser
Zeit zwischen dem achten und dem zehnten Jahrhundert. Es
hatte diese Versuche der Taufe von Anfang an gegeben, aber um
das Jahr 900 herum nahmen sie zu. Die fränkischen Christen
mußten ihre Haltung gegenüber den heidnischen Nordmännern
grundsätzlich bestimmen. Die Normannenzüge waren noch
immer eine Gefahr, aber sie wurden zu Beginn des zehnten Jahrhunderts allmählich zu einer berechenbaren Größe. So gelang-

ten zu Beginn des zehnten Jahrhunderts die Fragen nach den Formen des Umgangs mit den Normannen auf die Agenda bedeutender fränkischer Bischöfe.

Taufe und Integration

Das Problem der Integration jedenfalls wurde nun erkennbar dringlicher. Wir können die Problemlage in einem Antwortschreiben des Papstes Johannes X. (914–928) an den Erzbischof Heriveus von Reims (900–922) deutlich erkennen. Aus dem Schreiben des Papstes, abgefaßt im Jahre 914, geht hervor, daß der Erzbischof von Reims sich mit der Frage an die Kurie gewandt hatte, wie er künftig in der Normannenseelsorge verfahren solle. Der Erzbischof hatte in seiner Diözese offenbar nicht nur Schwierigkeiten mit Heiden, sondern auch mit seiner christlichen Herde. Die war in mancherlei Hinsicht problematisch zusammengesetzt. Zwar freute sich der Papst, daß das Volk der Normannen, das früher Vergnügen daran gefunden habe, Menschenblut zu vergießen, sich nun nach den Ermahnungen des Erzbischofs von Reims daran erfreue, selbst durch das Blut Christi gerettet worden zu sein. Aber hier lag ein Problem. Denn die neuen Brüder im Glauben hatten ihre alten Angewohnheiten offenbar nicht ganz ablegen können, und das, obwohl manche von ihnen sich sogar wiederholt hatten taufen lassen. Und diese Angewohnheiten bestanden immerhin darin, daß sie auch nach der Taufe nicht davon lassen wollten, Christen zu töten, Priester zu morden und heidnische Riten zu begehen. Der Papst warb um Verständnis, für diese Normannen sei der Glauben noch eine neue Erfahrung (*rudes ad fidem*). Dort wo es möglich sei, solle der Erzbischof die kirchlichen Vorschriften großzügig anwenden. Der Erzbischof Heriveus von Reims war ein Mann mit Erfahrung und Einsatz in der Frage der Normannenseelsorge. Flodoard von Reims, der um die Mitte des 10. Jahrhunderts eine Kirchengeschichte von Reims schrieb, hielt in Hinblick auf Heriveus ausdrücklich fest, daß der Erzbischof sich sehr für die Bekehrung der Normannen engagiert habe (*de Normannorum quoque mitigatione et conversione valde laboravit*). In diesem konkreten Fall war die Anregung zur Anfrage in Rom wohl aus Rouen gekommen, also genau aus der Erzdiözese, in der sich die Normannen gerade angesiedelt hatten. Der Erzbischof von Rouen hieß Wido. Im Jahre 909 hatte Wido an einer Provinzialsynode der Reimser Erzdiözese teilgenommen, obwohl er dem Erzbischof von Reims nicht unterstellt war. Die beiden Erzbischöfe hatten offenbar gemeinsame Interessen und gemeinsame Anliegen. Widos Anfrage hinsichtlich der Behandlung richtete sich offenkundig an einen Amtsbruder mit vergleichbaren Problemen. Es waren grundsätzliche Probleme, die die fränkische Kirche mit den neuen Christen hatte.

Papst Johannes X. über die Haltung gegenüber den getauften Normannen. Brief an den Erzbischof Heriveus von Reims (914), Zimmermann, Papsturkunden, Nr. 38

Weil sie noch unwissend im Glauben sind, vertrauen wir sie Eurem Urteil und Eurer Prüfung zur Bewährung an, die Ihr vor allen anderen in der Lage seid, Euch jenem Volk, das in der Nähe Eurer Grenzen lebt, eifrig zuzuwenden und alle seine Sitten und Gebräuche ebenso wie sein Leben im Glauben kennenzulernen. Daß nämlich nachsichtiger mit ihnen zu verfahren ist, als es die heiligen Kanones vorschreiben, das ist Eurem Eifer hinreichend bekannt, damit nicht die ungewohnten Lasten, die sie tragen, ihnen in Zukunft, was ferne sei, untragbar erscheinen und sie in den alten Menschen ihres früheren Lebens, den sie abgelegt haben, durch das Nachstellen des alten Feindes zurückfallen. Und wenn allerdings unter ihnen solche zu finden sind, die sich lieber nach den Bestimmungen der kirchlichen Rechtsvorschriften durch die Buße abtöten und durch Wehklagen sühnen wollen, die der Schwere ihrer Untaten angemessen sind, dann verweigere ihnen das kanonische Urteil nicht; wobei Ihr Euch in Allem ihnen gegenüber so wachsam zeigt, daß wir mit einem vielfachen Gewinn an Seelen vor dem Gericht des ewigen Richters erscheinen und das Verdienst der ewigen Freude mit dem seligen Remigius erlangen werden.

Die Probleme lagen in der Sache selbst. Sie hatten ihre Ursache darin, daß die Kriterien des gegenseitigen Umgangs formaler Natur waren. Das hatte für die Politik den Vorteil, eine klare Orientierung bieten zu können. Es bedeutete aber auch die Gefahr, daß die formalen Erfordernisse rein opportunistisch oder gar irreführend eingesetzt wurden. Die fränkische Kirche und mit ihr in enger Verbindung die fränkischen Herrscher und Mächtigen knüpften eine zentrale Erwartung an die Taufe. Inwieweit die Taufe die Haltung der Getauften änderte, war für die Vertragspartner nicht ohne weiteres festzustellen. Es gab sicher eine gewisse Hoffnung darauf, daß das Taufsakrament aus sich heraus eine Gnadenwirkung entfalten würde. Aber das Mißtrauen im konkreten Umgang miteinander blieb bestehen. Gleichzeitig ist nicht zu erkennen, daß sich die fränkische Kirche intensiver um die Glaubensunterweisung für die Neugetauften bemüht hätte.

Das war bis zur Anfrage des Heriveus in Rom insgesamt so gewesen. Bei Heriveus erkennen wir zu Beginn des zehnten Jahrhunderts einen Wandel. Wenn Flodoard von Reims, wie bereits zitiert, über Heriveus feststellte: *um die Befriedung der Normannen und um ihre Bekehrung bemühte er sich sehr*, dann hatte sich die Situation um 900 offenbar verändert. Die Frage des Friedens im spätkarolingischen Reich wurde in Hinblick auf die Normannen von einer militärischen Frage zu einer Frage der Integration.

Es war keine leichte Aufgabe, wie Heriveus dem Papst deutlich gemacht hatte. Die Umsetzung dieser Aufgabe wurde auch nicht im Kernbereich der Francia vorgenommen, sondern das letztlich erfolgreiche Integrationsprojekt war an der Peripherie der damaligen politischen Landschaft angesiedelt. Die Region im Nordwesten des Reiches, die spätere Normandie im Gebiet der Seinemündung und des Erzbistums von Rouen, hatte im karolingischen Machtgefüge keine herausgehobene Rolle gespielt. Die Forschung hat in Hinblick auf die verschiedenen Ansiedlungsprojekte der Normannen, etwa im Mündungsgebiet des Rheins und der Loire, darauf hingewiesen, daß die nunmehr bekehrten und loyalen Normannen die noch heidnischen und feindseligen Nordmänner von der Einfahrt in die großen Flüsse abhalten sollten, die ihren Zügen wiederholt als Verkehrsstraßen gedient hatten. Das ist wohl ein Beweggrund gewesen. Gleichzeitig lagen solche Mündungsgebiete fast zwangsläufig an der Peripherie, und das war sicher ein willkommener Nebeneffekt. Die Randlage begünstigte die Integration jedoch nicht, und die Lage an der Küste ermöglichte den angesiedelten Normannen eine Fortführung der traditionellen Kontakte mit dem noch heidnischen Mutterland. Da mußte es sich zeigen, welche Kräfte letztlich überwogen, alte skandinavische Bindungen oder der Reiz und die Möglichkeiten der neuen christlichen Kultur. Richten wir den Blick auf die entstehende Normandie.

Die Normandie

Doch wir müssen mit einer Enttäuschung beginnen. Den Prozeß der Integration der Normannen in das westfränkische Reich im Gebiet der späteren Normandie können wir im einzelnen nicht nachvollziehen. Die Quellenlage läßt das nicht zu. Immerhin aber handelt es sich um den ersten zumindest erkennbaren Integrationsprozeß der Skandinavier auf dem westeuropäischen Kontinent – auch die Vorgänge in England und Irland scheinen mit den Mitteln der historischen Disziplin nicht besser faßbar –, daher können wir zumindest auf einen Versuch nicht verzichten.

Wir müssen davon ausgehen, daß der Wechsel eines religiösen Bekenntnisses und damit auch der Lebensweise zumindest in Hinblick auf Rituale, auf Bräuche und Gewohnheiten ein spannungsvoller Vorgang war. Es gab sicherlich Widerstände, es gab sowohl energische Befürworter des Wechsels wie hartnäckige Anhänger der alten Traditionen, es gab Gewinner und Verlierer. Wenn wir davon ausgehen, dann können wir im Hinblick auf den Integrationsprozeß dieses zentrale Moment des Wandels ins Auge fassen: die Dynamik des Religionswechsels. Solange diese Dynamik noch faßbar ist, solange die Entscheidungssituation mit ihren Spannungen noch in den Quellen erkennbar ist, solange war die Integration noch nicht abgeschlossen, denn die Entscheidung konnte auch gegen die neuen Werte ausfallen. Allerdings wird man einwenden: welche Entscheidungen? Die einschlägige historische und kirchengeschichtliche Forschung ist sich im

Grunde weitgehend einig, daß die Bekehrung der frühmittel-
alterlichen Volksgruppen oder Stämme keine Angelegenheit der
Glaubensentscheidung einzelner war.

Wenn frühe Missionare wie Bonifatius im achten Jahrhundert
einzelne Heiden zu Christen bekehrten, diese Getauften aber
ohne weitere Seelsorge in ihrem alten Stammesverband verblieben, der seine gemeinsame Identität weiterhin durch regel-
mäßige heidnische Rituale bekräftigte, dann konnten die neuen
Christen sich davon nur um einen hohen Preis freimachen. Die
häufigeren und bereits zitierten Klagen enttäuschter Missionare
über getaufte Normannen, die in die Praxis ihrer alten Riten
zurückfielen, war Ausdruck dieses grundsätzlichen Problems.
Eine Bekehrung Einzelner ohne die Errichtung einer christlichen Herrschaft über die Bekehrten war ein mühsames Pro-
jekt. Theodor Schieffer hat dies in seiner klassischen Untersuchung über den Missionar Bonifatius das „Gesetz der Kongru-
enz politischer und religiöser Ordnung" genannt. Die Forschung
spricht auch von einer „Bekehrung von oben". Dabei war die
zentrale Gestalt der König, der Stammesfürst, oder wer sonst die
legitime Herrschaftsgewalt über die zu bekehrenden Menschen
innehatte. Konnte man ihn gewinnen, so konnte man hoffen, daß
sich der neue Glaube in einem allmählichen ‚drizzle-down'-Ef-
fekt bis nach unten durchsetzte. So entstand das durchaus sche-
matische Bild von der Bekehrung ganzer Volksgruppen durch
die Bekehrung ihres mächtigsten Mannes. Die fränkischen Quellen sprechen dann schon von einem bekehrten Volk, wenn der
Herrscher den christlichen Glauben angenommen hat. Die Ge-
wissenentscheidung Einzelner spielt hier kaum eine Rolle. Die
Forschung hat diesem schematischen Verständnis mit theoretischen Modellen Rechnung getragen, die die Glaubensentscheidung der Einzelnen und damit die Chance, Glaubensentschei-
dungen in den Quellen überhaupt fassen zu können, weitgehend
zurückgedrängt hat. Dies scheint mir, bei aller Berechtigung
grundsätzlicher Überlegungen zur Problematik frühmittelalter-
licher Bekehrungsvorgänge, ein verkürzter Zugang zu der Inte-
grationsfrage zu sein.

Denn trotz der häufigen schematischen Darstellungen gibt es
auch die Darstellungen lebendiger Entscheidungssituationen,

die erkennbar nicht nach einem literarischen Vorbild gestaltet waren, sondern die eine tatsächlich noch offene historische Herausforderung widerspiegelten. Die Entscheidung Ansgars für die Missionsreise nach Norden gegen die deutlichen Widerstände seiner Mitbrüder ist ein solches Beispiel. Die Entscheidung erscheint nicht als unproblematischer und einhelliger Entschluß aus der Perspektive einer erfolgreichen Mission. Sie erscheint als mutig und umstritten, weil der Verfasser des Berichts selber die Gefahren des Unternehmens kannte und weil zu seinen Lebzeiten über das Schicksal des Christentums im Norden tatsächlich noch nicht entschieden war. Eine solche Offenheit der Entscheidungssituation hinsichtlich der Annahme des christlichen Glaubens finden wir in der Normandie noch zu Beginn des elften Jahrhunderts, hundert Jahre nach der Ansiedlung der ersten Normannen. Wir finden sie in der ersten Geschichte der normannischen Herzöge, verfaßt von Dudo von St. Quentin, im Zusammenhang mit dem Versuch, heidnische dänische Verbündete in der Normandie zu bekehren. Die Heiden waren als Waffenbrüder von Graf Richard I. (942–996) zur Unterstützung gegen einen fränkischen Feind herbeigerufen worden. Doch mit der Zeit wurde ihre Wildheit zum Problem. Der Graf hoffte, der Gewalttätigkeit seiner dänischen Verbündeten durch ihre Bekehrung zum christlichen Glauben beizukommen. Sorgfältig bereitete er seinen missionarischen Vorstoß vor. In einem geheimen Vorgespräch konnte er zunächst die Anführer für das Christentum gewinnen. Er gab ihnen genaue Instruktionen, wie am nächsten Tag die Bekehrung der Mannschaften vor sich gehen sollte. Der Graf hatte seine Strategie präzise geplant. Und doch blieb diese Planung ohne den gewünschten Erfolg. Der sorgfältig vorbereitete Bekehrungsversuch scheiterte weitgehend. Vierzig Jahre nach Dudo, bei William von Jumiéges, wird derselbe Bekehrungsvorgang als problemlose Erfolgsgeschichte dargestellt. Das Christentum war nunmehr so fest etabliert, daß seine Ablehnung gar nicht mehr denkbar erschien. Der Übergang vollzog sich in den Jahren zwischen 1020 und 1040. Natürlich gab es Menschen, die sich sehr schnell zum christlichen Glauben bekehrten. Auch innerhalb einzelner Familien, die christlich geworden waren, und bei denen fränkische Ehefrauen für die entsprechende Erziehung sorgten, wird die Integration in das christliche Frankenreich deutlich schneller vorangegangen sein. Aber es gab auch lange Zeit noch Normannen, die dem neuen Glauben fernstanden und die sich erst langsam einfügten. Dies sind nur Begrenzungslinien, die sich auf den gesamten Verband der Normannen im Bereich der allmählich entstehenden Normandie beziehen.

Graf Richard versucht, die heidnischen Waffenbrüder zum christlichen Glauben zu bekehren
Dudo von St. Quentin, De Moribus et Actis primorum Normanniae ducum, Kap. 121

Nachdem in dieser Nacht die Treue vereinbart und der Frieden beschworen worden war, sprach Richard besänftigend zu ihnen mit honigsüßer Rede: „Kehrt nun heimlich, damit man Euch nicht sieht, zu Euren Schiffen zurück als Teil meiner Streitkräfte und meiner Seele. Gebt acht, daß niemand erfährt, daß Ihr hierher gekommen seid. Im Morgengrauen werde ich Euch rufen, ebenso wie dieses unruhige und halsstarrige Volk, und ich werde auf vielfältige Weise Euer und ihr Mitgefühl für eine Ausweitung des Friedens und ein ruhiges Miteinander erbitten. Weist meine Worte zurück und lehnt sie zusammen mit ihnen ab; schließlich, wenn diese ausgedehnte Auseinandersetzung gerade zu Ende geht, stimmt meinem Vorschlag zu". Nachdem dies heimlich besprochen worden war, ging jeder nach Hause ...
Nachdem sie [die heidnischen Normannen] dies gehört hatten, begannen die, die von der nächtlichen Beratung nichts wußten, sehr aufgebracht unter zunehmendem Protestgeschrei zu streiten. Sie sagten: „Für uns seid Ihr nur die Ausführenden, nur die Schmeichler seines Ratschlusses, deswegen bietet Ihr uns solche Ruchlosigkeiten an. Es wird nicht so sein, wie Ihr es nach Eurem Gefallen vorschlagt. Der erbetene Frieden wird von keinem von uns gewährt ... Was der Herzog [so nennt Dudo hier Graf Richard I.] befiehlt und erbittet, werden wir auch durch Eure Vermittlung nicht befolgen, wahrlich Francia wird bis zur vollständigen Vernichtung mit wilder Waffengewalt ausgeplündert werden."

Als dieselben schwierigen Verhandlungen etwa 40 Jahre später vor dem Jahr 1060 nochmals von William von Jumièges dargestellt wurden, war die Dramatik der Verhandlungen einer schematischen Erfolgsgeschichte gewichen.

Gesta Normannorum Ducum IV, 17

Nachdem der Herzog diese Verhandlungen zu einem glücklichen Ende gebracht hatte, bekehrte er viele der Heiden durch heilige Mahnungen zum christlichen Glauben; und die, die beschlossen, Heiden zu bleiben, schickte er nach Spanien, wo sie noch viele Schlachten schlugen und achtzehn Städte zerstörten.

Dabei wissen wir nicht genauer, wieviel Siedler sich in der Gegend um Rouen und zwischen Rouen und Bayeux niederließen. Die sprachgeschichtliche Forschung, die uns immerhin einen Fingerzeig auf den Charakter der Ansiedlung geben kann, legt nahe, daß es sich nicht um eine Masseneinwanderung armer Bauern handelte, sondern daß diese Einwanderung wohl eher einen aristokratischen Charakter hatte, da die Normannen nun vielerorts die Herrschaftsrechte über die bereits dort lebenden fränkischen Bauern übernahmen und intensivierten. Die Grafen hatten ihr Machtzentrum in Rouen, wo auch der Sitz des Erzbischofs war, und hier in der Stadt und ihrer Umgebung wird eine Anpassung an die neue Kultur schneller vor sich gegangen sein. Als der junge Graf Richard I. um 940 seine Ausbildung erhielt, da wurde er nach Bayeux geschickt, um dort die nordische Sprache seiner Väter zu lernen, die in der Gegend um Rouen offensichtlich allmählich verschwand.

In größerer Entfernung vom Bischofssitz war es eventuell nicht ohne weiteres möglich, einen Geistlichen zu treffen. Erst sehr allmählich erholte sich die Kirchenstruktur von den Angriffen des 9. Jahrhunderts. Das Erzbistum Rouen hatte sieben Bistümer. Diese Bischofssitze scheinen über längere Strecken vakant gewesen zu sein, erstmals wird der Erzbischof von Rouen gemeinsam mit seinen sechs Suffraganbischöfen im Jahr 990 genannt. Das Klosterleben der Normandie, als ein wichtiger Im-

pulsgeber für das geistliche und geistige Leben der Region, kam
erst am Ende des Jahrhunderts wieder in Bewegung. Es war insgesamt ein mühsamer Beginn. Eine bedeutende Rolle bei dem
allmählichen und mühsamen Prozeß der normannischen Integration spielte sicherlich die Herrscherfamilie. Rollos Sohn William Langschwert, dessen Sohn Richard I. und dann Richard II.
waren Christen und vor allem vermochten sie durch jeweils
lange Herrschaftszeiten Kontinuität und Nachhaltigkeit in ihre
Politik zu bringen. Sie nahmen Anteil an den Konflikten des
Westfrankenreiches, und das bedeutete nicht nur friedlichen Anteil. Sie schlossen Militärbündnisse und bekämpften gemeinsam
mit christlichen fränkischen Großen andere christliche fränkische Machthaber. Auch das war ein Integrationsprogramm. Wie
allerdings das oben zitierte Beispiel heidnischer skandinavischer
Waffenhilfe für Richard I. zeigte, dauerten auch die alten Bindungen in den Norden noch fort. Sie endeten erst um 1020, soviel lassen die Münzfunde, die für die Kontakte in der Zeit davor
Belege bieten, erkennen. Da in diesen Jahren einzelne Münzen
nur für jeweils einige Jahre in Umlauf waren, lassen sie sich einigermaßen präzise datieren. Damit rundet sich das Bild ein wenig
mehr. Die letzte Welle heidnischer Überfälle aus dem Norden
fällt in die Jahre zuvor. Zum Jahr 1018 berichtet Ademar von
Chabannes noch einmal von einem großen Überfall der Männer
aus dem Norden, aus Dänemark und Irland, auf Aquitanien.
Doch die Zeit der Überfälle ging zu Ende. Um die Mitte des
11. Jahrhunderts war die Normandie ein Teil des christlichen Europa geworden, wenn auch mit einer eigentümlichen Vergangenheit, die den Nachbarn und den Normannen durchaus im Ge-
dächtnis blieb.

Die hier veranschlagte Dauer des Integrationsprozesses der
Normannen im Gebiet der Normandie von etwa vier Generationen ist keine gesicherte Forschungsmeinung. Der gesamte Vorgang ist wenig untersucht und es gibt auch die Auffassung, daß
die Intergration bereits nach einer Generation weitgehend abgeschlossen gewesen sei. In der hier angenommenen Entwicklung
war die Integration der Normandie zu einem Zeitpunkt abgeschlossen, als das nordische Heidentum seinen Rückhalt und
seine Heimat verlor, da sich die Könige in Dänemark und Nor-

wegen nun energisch für das Christentum einsetzten. Manchmal hat eine Fallstudie eine zu enge Perspektive, und wir benötigen einen weiteren Blickwinkel, um eine historische Bewegung angemessen zu würdigen. Im Falle der Normandie, die für eine Fallstudie auch kein ausreichendes Quellenmaterial bietet, bedeutet dies, daß wir die skandinavische Entwicklung in den Blick nehmen müssen. Wie erging es den Bewohnern Dänemarks, Schwedens und Norwegens in der Zeit, in der sich manche ihrer ehemaligen Nachbarn und Verwandten dauerhaft in das Westfrankenreich eingliederten? Welche soziale, religiöse und politische Entwicklung war in diesen nordischen Ländern während des 9. und 10. Jahrhunderts zu beobachten?

Nordische Expansion, erste Christianisierung und Integration im zehnten Jahrhundert

Grundzüge

Die Entwicklung in den nordischen Ländern dieser Epoche ist nicht ohne weiteres erkennbar. Unter denjenigen, die sich mit diesem Thema beschäftigen, sind nur wenige Historikerinnen und Historiker zu finden. Das hat Gründe in der Natur unseres Faches. Die historische Forschung beruht im Wesentlichen auf der Analyse schriftlicher Quellen. Die sind in diesem Fall nur begrenzt vorhanden. Sie wurden in der Frühzeit, dem neunten Jahrhundert, zudem fast ausschließlich von eingereisten Missionaren verfaßt, die nur einen sehr kleinen Ausschnitt des nordischen Lebens zu Gesicht bekamen. Ihre Erfahrungen beschränkten sich im Wesentlichen auf die Handelsplätze, und ihre Informationen beruhten weitergehend eher auf Hörensagen. Einem Hörensagen, das sie obendrein in einer Terminologie festhielten, die im Hinblick auf soziale und politische Ordnungen dem christlichen Weltbild der spätkarolingischen Zeit verpflichtet war. Mißverständnisse sind kaum auszuschließen, und selbst wenn uns eine subtile Analyse zeigen kann, welche erzähltechnischen Figuren in diesen Berichten zum Tragen kamen, so führt von dieser Kritik doch kein Weg zu einer positiv formulierten Alternative. Hier helfen uns die archäologischen Funde und ihre Interpretation durch die Fachwissenschaft. Dabei müssen wir uns darüber im Klaren sein, daß diese Interpretation in deutlich höherem Maße soziologische Modellvorstellungen heranzieht, als dies in der historischen Wissenschaft üblich ist.

Beginnen wir mit dem, was wir vom sozialen Leben wissen. Die städtischen Ansiedlungen, die ‚wike‘ Haithabu/Schleswig und Birka haben wir bereits erwähnt. Vollständig wird dieses Bild durch das norwegische Kaupang am Oslofjord. Damit sind die wichtigen Handelsorte des Nordens schon erfaßt. Aufgrund der Gräberfunde hat man die durchschnittliche Zahl der Bewohner von Haithabu mit etwa 900–1000 berechnet. Verläßliche Zahlen darüber, wie viele Menschen den Norden insgesamt bewohnten, gibt es für diese frühe Zeit kaum. Selbst für das spätere Mittelalter sind die Zahlen kaum verläßlich, sie bieten allerdings eine Orientierung hinsichtlich der Größenordnung, wenn für den Anfang des 14. Jahrhunderts, also für die allgemein bevölkerungsreichste Phase des Mittelalters, für ganz Skandinavien mit 1 bis 2 Millionen Menschen gerechnet wird. Die Hälfte davon lebte in Dänemark.

Es war im wesentlichen eine Agrargesellschaft, deren Rückgrat offensichtlich die freien Bauern bildeten. Ihre Höfe wurden je nach Größe von ihnen selbst und von Angehörigen der Familie bearbeitet, aber auch von abhängigen Arbeitskräften und von Sklaven. David Wilson und Peter Foote waren sich sicher, daß die unfreie Arbeitskraft in der Wirtschaft der Wikingerzeit eine wichtige Rolle gespielt hat. Entsprechend der sozialen Grundlegung in der agrarischen Gesellschaft spielte die Versammlung der freien Bauern, das Thing, bei der lokalen und regionalen Entscheidungsfindung eine zentrale Rolle. Eine politische Struktur dieser frühen Gesellschaften ist im Grunde nur rückblickend zu erkennen. Zwar sprechen die frühen fränkischen Quellen von den Dänen und von ihren Königen, aber wer immer in dieser frühen Phase König der Dänen war, war kaum König von Dänemark. Eine territorial bezogene Herrschaftsvorstellung ist erst am Ende des zehnten Jahrhunderts feststellbar. In Norwegen stand die Topographie des Landes unter den Kommunikations- und Transportbedingungen des neunten Jahrhunderts einem politischen Zusammenwachsen einigermaßen entgegen. Die Bewohner der norwegischen Westküste, von wo mancher Teilnehmer der Wikingerzüge kam, hatten einen leichteren Zugang zu den Inselgruppen im Norden Schottlands, zu den Färöern und Hebriden, als zum Süden ihres eigenen Landes. Von hier waren wohl auch jene Wikinger gekommen, die 793 das Kloster Lindisfarne überfallen hatten. Aus ihrer Sicht war dieser Überfall wohl nur eine Begleiterscheinung der beginnenden Besiedlung der genannten Inselgruppen. Das Meer verband diese Ansiedlungen. Einer der frühesten zeitgenössischen Reiseberichte der Wikin-

gerzeit ist der des Norwegers Ottar (zwischen 870 und 890). Er
ist uns deshalb überliefert, weil ihn König Alfred der Große von
Wessex übersetzen und aufzeichnen ließ. Dieser beließ es nicht
beim Bau von militärischen Anlagen zur Stärkung seines Landes, sondern bemühte sich auch darum, die Kenntnis seiner
Landsleute von der Welt zu verbessern, und veranlaßte daher die
Sammlung und Übersetzung wichtiger antiker Texte. Er ließ die
Reisebeschreibung Ottars gemeinsam mit einer weiteren Reisebeschreibung an eine antike Geographie anfügen, wodurch sie
uns erhalten ist.

Ottar lebte nach eigenen Angaben im nördlichsten besiedelten
Landesteil Norwegens. Er sei die Küste – also die Westküste Norwegens – von seinem Wohnort hinauf nach Norden gefahren. Das
Land sei bis auf einige wenige Finnen menschenleer. Einmal
habe er feststellen wollen, wie weit das Land nach Norden reiche,
und so sei er drei Tage lang dicht unter Land die Küste hinaufge-
fahren. Dann sei er so weit nördlich gewesen, wie die Walfänger
fahren würden – er war also nicht der erste dort oben im Norden.
Er segelte aber noch einmal drei Tage weiter. Dann wandte sich
das Land nach Osten, oder es sei eine große Meeresbucht gewesen. – Das konnte er nicht sagen. Er wartete auf günstigen Wind
und folgte dann weiter der Küste nach Südosten, fünf Tage lang.
Dann sei er auf eine große Flußmündung gestoßen. Hier habe er
nicht weiter segeln wollen, denn jenseits des Flusses habe es bewohntes und bebautes Land gegeben. Bis dahin war er auf seiner
Reise nur sehr vereinzelt Menschen begegnet, die von Jagd und
Fischfang lebten. Diese Menschen hießen Bjarmer. Ottar hatte
ein besonderes Interesse an den Walen und Walrossen, wegen des
Elfenbeins ihrer Stoßzähne. Einige Stücke davon brachte Ottar
König Alfred mit. Es gebe auch viele Wale in Ottars Heimat.
Seine Heimat heiße „Halogaland", weiter im Norden wohnten
keine Norweger. Im Süden gebe es einen Hafen, der Sciringssaal
heiße (am Oslofjord). Bis dorthin brauche man gut einen Monat,
wenn man nachts ankere und tagsüber guten Wind habe. Südlich
von diesem Hafen gehe das Meer tief ins Land hinein und auf der
anderen Seite liege Jütland. Von Sciringssaal sei er in fünf Tagen
nach Haithabu gesegelt (er nannte es Haethum). Es liege zwischen Wenden, Sachsen und Angeln und stehe unter dänischer

Herrschaft. Als er dort hinsegelte (vom Oslofjord), hatte er auf der Backbordseite Dänemark (also das damals dänische Südschweden), an Steuerbord ein Meer von drei Tagesreisen. Die letzten zwei Tagesreisen, bevor er nach Haithabu gelangte, habe er an Steuerbord – also an der rechten Seite – Jütland und viele Inseln gehabt. Dort lebten die Angeln, bevor sie in unser Land kamen, fügte der altenglische – angelsächsische – Schreiber hinzu. An der Backbordseite hätte er während dieser zwei Tage dänische Inseln gehabt.

Dies ist ein aufschlußreicher Text. Es ist der einzige zusamenhängende Bericht eines Skandinaviers aus dieser frühen Zeit, und er erlaubt uns eine gewisse Vorstellung von den Lebens-, Handels- und Kommunikationsbedingungen dieser Epoche. Ottar, der diese weiten Schiffsreisen unternahm, tat dies nach eigener Auskunft aus Neugier: aus allgemeinem Interesse und aus Handelsinteresse. Dabei war er durchaus kein Fernhändler, der nur von seinen Handelserträgen lebte. Er war ein wohlhabender Bauer mit einigem Vieh, mit Kühen, Schafen, Schweinen und auch Pferden. Vor allem hatte er große Rentierherden. Außerdem betrieb er Ackerbau. So war er wohlhabend genug, ein Schiff unterhalten zu können und damit noch zusätzlich Handel zu betreiben. So wie er – oder in etwas kleinerem Maßstab – mögen in dieser Zeit auch andere Norweger in der Lage gewesen sein, seegängige Schiffe zu bauen und eventuell den Atlantik hinüber nach Schottland, auf die Färöer und Hebriden zu segeln. Vielleicht nicht immer in freundlicher Absicht und mit friedlicher und unbewaffneter Neugier. Männer mit solchen Möglichkeiten waren sicherlich eine wichtige Kraft in den Wikingerzügen des neunten und zehnten Jahrhunderts. Und etwas anderes wird auch deutlich. Zwar geht es in dem Bericht nicht um die politischen Verhältnisse Norwegens – man hat angesichts der Topographie des Landes im Grunde ein Problem mit dem Gebrauch dieses Begriffs – aber die Bedingungen, die für eine herrschaftliche Durchdringung des Landes galten, werden doch erkennbar. Wenn eine Reise aus dem Norden des Landes bis in den Süden bei günstigen Reisebedingungen und der üblichen Reisegeschwindigkeit – das heißt bei günstigem Wind und einer Fahrt dicht unter der Küste, wo man jeweils nachts vor Anker ging – einen guten Monat dauerte, dann wird man von schwierigen infrastrukturellen Voraussetzungen sprechen können. Die Reise durch das Land war angesichts der Topographie Norwegens kaum einfacher und mit Handelsgütern zudem gefährlicher. Diese Bedingungen sollten wir im Hinterkopf behalten, wenn wir in späteren isländischen und norwegischen Quellen des zwölften Jahrhunderts lesen können, daß König Harald Schönhaar um 900 das Land politisch geeint, sogar zentralistisch regiert habe. Harald Schönhaar war es durch militärische Erfolge, insbesondere durch einen Sieg bei Havsfjord (885–890, Datierung etwas unsicher) gelungen, sich gegen andere mächtige Männer in Norwegen, vor allem an der Westküste, durchzusetzen und eine einigermaßen unbestrittene Herrschaft zu etablieren. Wie weit diese Herrschaft tatsächlich reichte, können wir kaum ermessen. Haralds Erfolg war ein persönlicher Erfolg über andere Rivalen, der seinen Tod (930–940) nicht überdauerte.

Harald wird Alleinherrscher über Norwegen
Snorri Sturlusson, Heimskringla, Die Saga von König Harald Schönhaar, Kap. 19

Nach dieser Schlacht [von Havsfjord] fand König Harald keinen Widerstand mehr in Norwegen. Denn seine stärksten Gegner waren alle gefallen, andere flohen aber außer Landes, und das war eine recht große Anzahl, denn damals wurden große Strecken noch öden Landes bevölkert … In jener unruhigen Zeit, als König Harald sich Norwegens bemächtigte, wurden fremde Länder entdeckt und besiedelt: die Färöer und Island. Auch fand damals eine reiche Auswanderung nach den Shetlandinseln statt, und viele vornehme Männer aus Norwegen wurden landflüchtig vor König Harald und fuhren im Westmeer als Wikinger.

Die Entwicklung in Schweden ist für uns am wenigsten erkennbar. Die Berichte Ansgars und die spätere Kirchengeschichte Adams von Bremen liefern Ausschnitte des Lebens um den Handelsort Birka. Tatsächlich lag hier, an den großen Seen, der Ausgangspunkt der weiteren schwedischen Geschichte. Hier siedelten zwei Volksstämme, die Götar und die Svear. Von den letzteren leitete sich der spätere Name des Landes ab. Ebenso wie der Süden Norwegens stand auch der Südwesten Schwedens, die Landschaft Schonen, unter dänischer Herrschaft. Die innere Entwicklung der schwedischen Geschichte wird erst im 11. Jahrhundert allmählich etwas klarer. Diese eingeschränkte Überlieferung ist sicher auch auf den im Vergleich mit Dänemark und Norwegen deutlich geringeren Kontakt und Einfluß des Christentums und christlicher Händler zurückzuführen.

Die Jelling-Dynastie

Die ersten Jahrzehnte der dänischen Geschichte nach 900 liegen weitgehend im Dunkel, erst um die Mitte des zehnten Jahrhunderts verdichten sich die Nachrichten allmählich wieder, um gegen Ende des Jahrhunderts, zumindest aus der Sicht der dänischen Forschung, den Blick auf ein machtvolles dänisches Königsgeschlecht mit weitreichendem Einfluß freizugeben. Die Rede ist von der Jelling-Dynastie: Gorm der Alte, Harald Blauzahn († um 987), Sven Gabelbart († 1014), Knut der Große († 1035). Die ersten beiden Könige dieser Dynastie werden mit einer wikingerzeitlichen Grabanlage im östlichen Jütland in Verbindung gebracht, wo auch zwei Runensteine das Wirken von Gorm und Harald bezeugen.

Die Zunahme der Nachrichten über Dänemark hatte zunächst mit einer aggressiveren Politik des Reiches an seiner nördlichen Grenze zu tun. Widukind von Corvey und Thietmar von Merseburg berichten beide, wie König Heinrich I. (919–936) sich gegen die Dänen gewandt habe und ihren König zur Annahme des Christentums bewegte. Der eigentliche Durchbruch zum Christentum sei unter König Harald Blauzahn erfolgt. Der König habe nach einem Beweis für die Wahheit des christlichen Glaubens gesucht und ein Geistlicher namens Poppo habe sich erboten, diesen Beweis zu erbringen. Dazu habe er ein glühendes Eisenstück mit bloßen Händen getragen. Diese bestandene Eisenprobe habe den König überzeugt, und er habe Christus als alleinigen Gott akzeptiert. Unter Otto dem Großen (936–973) werden erstmals drei Bischöfe für Dänemark erwähnt. Auf einer Synode in Ingelheim 948 werden die Bischöfe von Schleswig, Ribe und Aarhus namentlich genannt. Der Verfasser der Hamburger Kirchengeschichte, dessen Erzbischof noch für Dänemark zuständig war, war sich allerdings im späten elften Jahrhundert nicht sicher, ob diese Bischöfe jemals in ihr Bistum gelangt waren, oder ob sie es nach Art der Missionbischöfe lediglich als Auftrag erhalten hatten, dem sie möglichst nahe kommen sollten. Doch ist eine Zunahme des christlichen Einflusses, zumindest die Thematisierung dieser Zunahme in der zweiten Hälfte des zehnten Jahrhunderts kaum zu übersehen.

Die Politik Heinrichs I. im Norden
Thietmar von Merseburg, Chronicon I, 17 (um 1013)

Auch zwang er mit den Waffen Normannen und Dänen zum Gehorsam, brachte sie samt ihrem König Knut von ihrem alten Irrglauben ab und lehrte sie, das Joch Christi zu tragen ...

Das Poppo-Wunder
Chronicon II, 14

Damals erneuerte der Priester Poppo bei den unter Haralds Herrschaft stehenden Dänen das verachtete Christentum. Er tadelte nämlich den König und sein Volk, weil sie sich nach dem Abfall vom Gottesdienst ihrer Vorfahren Göttern und Dämonen hingegeben hatten, und versicherte, es gebe nur einen Gott in drei Personen. Auf die Frage des Königs, ob er seine Worte durch das glühende Eisen bekräftigen wolle, erklärte er sich freudig hierzu bereit; am folgenden Tag trug er ein sehr schweres, geweihtes Eisen an den vom König bezeichneten Ort; dann hob der Furchtlose seine Hände unverletzt in die Höhe. Hoch erfreut über dieses Wunder unterwarf sich der König mit allen den Seinen sofort in Demut dem Joche Christi und gehorchte bis zu seinem Ende als gläubiger Christ den Geboten Gottes.

Grabanlage von Jelling aus dem sogenannten Rantzau Prospekt von 1591.

In Jelling im Osten Jütlands steht noch heute eine größere Anlage aus der Wikingerzeit. Von ihr rührt der Name der Königsdynastie. Die Anlage besteht aus zwei großen Grabhügeln, zwischen denen eine Kirche erbaut ist. Auf der Verbindungslinie zwischen den beiden Grabhügeln, von denen nur der nördliche eine Grabkammer besitzt, sind zwei Runensteine aufgestellt. Der eine ist ein Gedenkstein, den Gorm für seine Frau Tyra aufgestellt hat, der andere wurde von Harald Blauzahn aufgestellt und trägt die Inschrift: „König Harald befahl diesen Stein zu errichten, zum Gedenken an seinen Vater Gorm und seine Mutter Thyra. Der Harald, der sich selbst ganz Dänemark und Norwegen unterwarf und der alle Dänen zu Christen machte." Hier erscheint Dänemark zum erstenmal als ein territorialer Begriff in der Überlieferung des Nordens. Der Jelling-Stein ist ein gewaltiger Stein von 2,40 m Höhe. Die Kirche stammt von etwa 1100 und archäologische Grabungen haben ergeben, daß sie drei große hölzerne Vorgängerbauten hatte, deren erster gleichzeitig mit einer unterirdischen Grabkammer angelegt wurde.

Die Entstehung dieser Anlage wird in weitgehender Übereinstimmung so gedeutet, daß hier König Gorm ursprünglich eine Grabstätte für sich und seine Frau Thyra errichten ließ, in der zumindest er begraben wurde. Nach seiner Bekehrung zum Christentum ließ sein Sohn Harald die Gebeine seines Vaters aus der heidnischen Grabstätte bergen und in einer eigens angelegten Grabkammer unter der neuerbauten Kirche beisetzen. Als Zeichen seiner zielstrebigen Christianisierung ließ er außerdem den großen Runenstein errichten. Dänische Archäologen haben im Umkreis von Jelling und auch auf Fünen die Überreste verschiedener größere Bauten ausgegraben, die sie der Zeit Harald Blauzahns zuordnen (Brückenbau von Ravninge und die Festungsanlagen von Trelleborg und Fyrkat). Insgesamt haben sie daraus das Bild einer energischen und organisierten Königsherrschaft gewonnen.

Es ist kaum zu übersehen, daß das Christentum nun zu einem Anliegen an entscheidender Stelle im politischen und sozialen Leben Dänemarks geworden war – auch wenn die Untertanen eventuell noch lange brauchten, um tatsächliche Christen zu werden. König Harald, der am Ende seiner Regierung einer Revolte seines Sohnes Sven weichen mußte, starb im Exil, und wurde in Roskilde beigesetzt, dessen Kirchenbau er selber noch angeregt hatte.

Die Christianisierung Norwegens

Welchen Einfluß Haralds Herrschaft in Norwegen hatte und welchen Beitrag seine Regierung dort zur Christianisierung leistete, können wir nicht genau ermessen. Die Runeninschrift auf dem Jelling-Stein ist der einzige Hinweis auf einen möglichen Zusammenhang zwischen einer dänischen Herrschaft über Norwegen und der Einführung des Christentums. Für Norwegen bedeutete Haralds Christianisierung eventuell die Verbindung von Christentum und fremder Herrschaft. Norwegens Christianisierung wird mit zwei Königen in Verbindung gebracht, die beide Olaf hießen: Olaf Tryggvasson (995–1000) und Olaf der Heilige (1015–1030). Beide waren Norweger, und besonders die kurze Herrschaft Olaf Tryggvassons in den fünf Jahren vor dem Jahrtausendwechsel ist als eine rabiate „Bekehrung von oben" in Erinnerung geblieben. Die Vehemenz, die sich weniger euphemistisch auch als Brutalität beschreiben läßt, mit der Olaf das Christentum in Norwegen einführte, läßt sich eventuell auch damit erklären, daß er darin eine Abwehr dänischer Herrschaftsansprüche sah. Ließ sich das Christentum schon nicht zurückweisen, wie sich das unter König Harald Blauzahn abzeichnete, bei dem die Christianisierung auch einen hegemonialen Charakter gehabt hatte, so sollte dieses Christentum zumindest durch einen norwegischen König eingeführt werden – und damit seine Macht stützen. Um das Jahr 1000 ist das Christentum in der Herrschaftsbegründung und in den Herrschaftsansprüchen der dänischen und norwegischen Könige nicht mehr zu übersehen. Während die dänische Christianisierung mit dem Einfluß der Reichspolitik und der Reichskirche zumindest in Verbindung gebracht werden kann, wurde die Christianisierung Norwegens durch englische Geistliche vorangebracht, die von den norwegischen Königen ins Land gerufen wurden. Hier kamen nun Verbindungen zum Tragen, die in der Zeit der Wikingerzüge verstärkt worden waren, und gleichzeitig entstand so etwas wie ein europäischer Rahmen, in dem nun das Christentum zu einer gemeinsamen Grundlage wurde, wenngleich dies in der Konkurrenz der jeweiligen kirchlichen Ansprüche noch etwas verwischt erscheint. Mit dem Jahr 1000 verschob sich allmählich die Gesamtorientierung.

Wikingische Expansion im Nordatlantik

In diesen Jahren erreichte die nordische Expansion, die etwa zweihundert Jahre zuvor begonnen hatte, ihre größte Ausdehnung. Von Norwegen aus waren die Nordmänner mit ihren Frauen immer weiter nach Westen gesegelt. Zwischen 870 und 930 besiedelten sie Island (vgl. S. 71–75). Von dort aus fuhren einige Siedler noch vor dem Jahr 1000 nach Grönland, wo sie an der Westküste erste Siedlungen errichteten. Es gilt inzwischen als sicher, daß die Wikinger bis an die Küste Nordwestamerikas vordrangen. All dies geschah um das Jahr 1000.

Die erste Besiedlung Grönlands ist mit dem Namen Eriks des Roten verbunden. Er war aus Norwegen verbannt worden, weil er einen Totschlag begangen hatte, und nach seiner Ansiedlung in Island geriet er wieder in heftige Streitigkeiten. Es kam zu Kämpfen mit tödlichem Ausgang und Erik wurde erneut von einer Thingversammlung des Landes verwiesen. Er machte sich auf, eine Küste im Westen zu suchen, von der ein Seefahrer berichtet hatte, der von seinem Kurs abgetrieben worden war. So

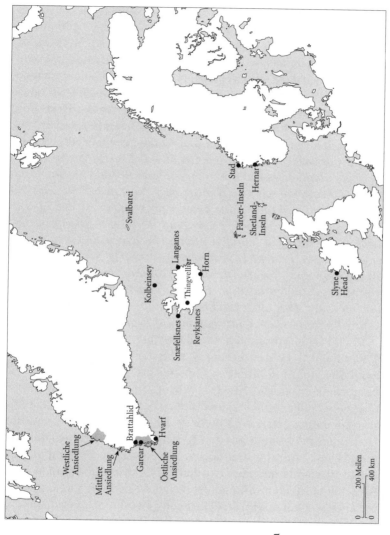

Wikingersiedlungen
im Nordatlantik.
Aus: Die Wikinger.
Geschichte und
Kultur eines
Seefahrervolkes,
Stuttgart 2000,
S.125.

kam er zur eisigen Ostküste Grönlands. Er segelte die Küste entlang bis zu einem Ort, der ihm bewohnbar schien. Es gibt nur begrenzt besiedlungsfähiges Land auf dieser riesigen Insel, die weitgehend von Eis bedeckt ist. Die folgende Besiedlung konzentrierte sich ganz auf zwei Gegenden im Süden (die sogenannte Ostsiedlung) und im Südwesten (Westsiedlung). Erik baute seinen Hof im Süden am Eriksfjord. Er nannte ihn Brattahlid (Steilhang). Die Ruinen des Hofes sind noch heute zu sehen. Die Grönländersaga berichtet über den Anfang der Besiedlung: *Erik nannte das aufgefundene Land Grönland, d. h. das 'grüne Land'. Er sagte nämlich, es würden mehr Männer dorthin ziehen, wenn das Land einen so schönen Namen trüge. Nachdem Erik den Winter auf Island verbracht hatte, fuhr er im Sommer wieder zur Besiedlung nach Grönland. Er wohnte dort zu Steilhang (Brattahlid) im Eriksfjord. Kundige Männer berichten, daß in dem gleichen Sommer, in dem Erik absegelte, zwanzig Schiffe aus dem Breitfjorde und Borgfjorde nach Grönland fuhren. Doch nur vierzehn gelangten dorthin. Einige trieben zurück, und andere gingen unter. Das alles geschah fünfzehn Jahre vor der gesetzlichen Einführung des Christentums auf Island.*

Noch verheißungsvoller als „das grüne Land" klang *Vinland* („Weinland"). Hinter diesem Namen verbarg sich neben allerhand Sagenhaftem offenbar auch der historische Kern der Wikingerfahrten an die Nordwestküste Amerikas. Um in dieser Frage ein einigermaßen klares Bild zu bekommen, haben die Historiker kein vertrautes Quellenmaterial zur Hand. Denn die Überlieferung besteht aus den Berichten der Sagas, also der altnordischen Literatur, und aus archäologischen Funden an der Küste Neufundlands. Hier wurden bei L'Anse-aux-Meadows die Reste einer kleinen wikingerzeitlichen Ansiedlung ausgegraben, die aber nur kurze Zeit in Gebrauch gewesen ist. Gegenstände, die Aufschluß über das Leben oder die Tätigkeiten der kurzzeitigen Bewohner geben könnten, wurden dort kaum gefunden. Immerhin aber können wir so heute mit einer gewissen Sicherheit die Eckpunkte der wikingerzeitlichen Amerikafahrten bestimmen. Wie das konkrete Leben dieser frühen Amerikafahrer aussah, welche Erfahrungen sie auf dem neuen Kontinent machten, darüber besitzen wir keine unmittelbar zeitgenössischen Zeugnisse. Allerdings besitzen wir mit der Saga Eriks des Roten und der Grönländersaga zwei sehr lebensvolle Erzählungen von diesen frühen Reisen. Beide Texte sind nur in Handschriften des späten 14. Jahrhunderts überliefert – was aber keinen sicheren Aufschluß darüber gibt, wie sie zuvor tradiert wurden. In den Sagas heißt das Land jenseits von Grönland, zu dessen Küste die Wikinger segelten, *Vinland*.

Daraus entsteht das Problem bei der Verschränkung der verschiedenen Traditionen. Denn wir können die lebendigen Berichte von den Vinlandfahrten nicht verorten. Die Namen, die die Entdecker der Sagas den Plätzen in der neuen Welt gaben, sind durch keine andere Überlieferung sicher zu erschließen. So hat es viele Zuweisungsversuche gegeben, denen allen ein erhebliches spekulatives Moment anhaftet. Wir sollten die Sagaberichte indessen nicht als Logbücher einer Entdeckungsfahrt lesen. Das ist auch gar nicht nötig. Sicher ist, daß es eine anekdotenreiche Überlieferung von Schiffsfahrten an eine Küste jenseits von Grönland gab. Gesichert ist auch, daß es an einer Küste jenseits von Grönland, nämlich an der Nordwestküste Amerikas, in Neufundland, in dieser Zeit eine Ansiedlung gab, wenn sie auch nicht allzu lange in Gebrauch war. Wir brauchen im Grunde nur einen Blick auf die Karte zu werfen, um zu sehen, daß die Überfahrt von Grönland zur Nordwestküste des amerikanischen Kontinents im Vergleich mit der häufig unternommenen direkten Passage von Norwegen nach Grönland kein übermäßiges Wagnis darstellt.

Thorfinns Fahrt von Grönland nach Vinland
Die Saga von Erik dem Roten, Kap. 7

Im ganzen waren hundertvierzig Mann auf ihren Schiffen. Sie fuhren dann zur Westsiedlung und von da zu den Bäreninseln. Von dort segelten sie in südlicher Richtung. Zwei Tage und zwei Nächte waren sie unterwegs. Da entdeckten sie Land, fuhren auf ihren Booten hin und nahmen es näher in Augenschein. Sie fanden da viele flache Steine, manche so groß, daß zwei Männer reichlich darauf Platz hatten. Auch viele Weißfüchse waren dort. Da gaben sie dem Land einen Namen und nannten es Flachsteinland.

Von da segelten sie wieder zwei Tage südwärts und trafen erneut auf Land. Das war reich bewaldet und voller Tiere. Südöstlich davon lag ein Eiland, und dort stießen sie auf Bären. Sie nannten die Insel Bäreneiland, das Land aber, wo die Wälder waren, Waldland.

Nach weiteren zwei Tagen stießen sie wieder auf Land. Sie fuhren dessen Küste entlang, bis sie an ein Kap kamen. Sie kreuzten vor dem Strande und hatten das Land auf Steuerbordseite. Kein Hafen war da, nur lange Sandstrecken. Sie ruderten nun auf ihren Booten an Land und fanden auf dem Kap den Kiel von einem Schiffe. Daher nannten sie jenes Kielspitz. Auch die Küste benannten sie und hießen sie Wunderstrand, weil man an ihr so weit entlang segelte. Viele Buchten schnitten ein in das Land. Auf eine von diesen steuerten sie zu.

Die Wikinger waren ungefähr 500 Jahre vor Kolumbus in Amerika. Aber ‚entdeckt‘ haben sie es wohl nicht, zumindest nicht, wenn dieser Begriff einen Sinn machen soll. Der Begriff ist immer etwas schwierig, wenn außer einem Landstrich auch noch dessen Bewohner entdeckt werden, die in der Regel ein zwiespältiges Verhältnis dazu haben, daß ihr Land nun neu entdeckt wird. ‚Entdeckung‘ ist grundsätzlich ein perspektivischer Begriff, formuliert aus der Sicht derer, die das entdeckte Land bislang nicht kannten und es erst mit der Entdeckung in ihren Kenntnis- und Aktionshorizont einbeziehen. Auch aus dieser Sicht ist die Wikingerexpedition nach Amerika kaum als Entdeckung zu werten. Denn während sich nach der ‚Entdeckung‘ des Kolumbus die Entdeckten schon alsbald in einer Weise in den Aktionshorizont der europäischen ‚Entdecker‘ einbezogen fühlten, die ihr Leben tiefgreifend und nur selten zum Besseren veränderte, und während die Ströme des erbeuteten Goldes in den europäischen Finanz- und Wirtschaftskreislauf flossen, hatten die Wikingerfahrten nach Nordwestamerika keinerlei Folgen, die auf Europa oder auch nur auf den Norden Europas zurückwirkten. Hier erhielt sich nur eine legendenhafte Tradition. In den Wikingerzügen im Nordatlantik, die im einzelnen beeindruckende Leistungen eines seefahrerischen Könnens waren, zeigte sich deutlich die Grenze der europäischen Expansionsleistung und der Expansionsmöglichkeiten um die Zeit der ersten Jahrtausendwende. Die Grenze für ein integrierbares, bewohntes Siedlungsland verlief bei Island. Zwischen Island und Norwegen bestand ein regelmäßiger und einigermaßen routinierter Schiffsverkehr. Für Grönland galt dies nur kurzzeitig. Auf längere Sicht war die Insel zu abgelegen und zu arm an eigenen Mitteln, um einen regelmäßigen Handelsverkehr zu unterhalten oder nur anzuregen. Die Grönländer selber hatten zuwenig Holz, um eigene Schiffe zu bauen, und sie gerieten ins Abseits. Die Siedlung an der amerikanischen Nordwestküste war kurzlebig, und anders als die Männer von Kolumbus hatten die Wikinger durchaus Anlaß und Gelegenheit, die Angriffe der Einheimischen zu fürchten. Zusammenfassend läßt es sich auch so formulieren: Europa expandierte im Rahmen realer Möglichkeiten. Die Wunschvorstellungen erwiesen sich als nicht tragfähig. Denn das war ja augenfällig: je entlegener die Plätze, desto klangvoller die Namen. Zuerst Grönland, das „grüne Land", dann „Vinland", das Land des Weins jenseits der Eisberge. Das war auch kein Zufall, wie die Überlieferung für Erik den Roten, den ‚Entdecker' Grönlands ja ausdrücklich festhielt. Erik hatte den Namen gewählt, um möglichst viele Ansiedler zu mobilisieren. Aber auf die Dauer reichten die klangvollen Namen nicht. Auf die Dauer blieb die Insel mit dem weniger verheißungsvollen Namen ‚Eisland', aber mit der konkreten Möglichkeit, durch Arbeit das Leben und die Familie erhalten zu können, der Rand des mittelalterlichen Europa. So abgelegen diese Insel war, so interessant ist ihre Überlieferung, und wir werden auch im Fortgang des europäischen Integrationsprozesses wieder auf sie stoßen.

Das Ende der Wikingerzeit

So sehen wir um das Jahr 1000 die wikingische Expansion auf ihrem Höhepunkt. Nach der Jahrtausendwende geht die Wikingerzeit zu Ende. Das Königtum Sven Gabelbarts und Knuts des

Großen von Dänemark und England markiert einen Übergang, in dem diese dänischen Könige zu Mitspielern im europäischen politischen Gefüge werden.

Sie werden nicht zu zentralen Gestalten der abendländischen Entwicklung, aber Knut der Große kommt mit den zentralen Gestalten auf etwa derselben Augenhöhe in Berührung. Darin liegt ein Übergang. Wir kommen bald noch kurz darauf zurück. Wenn die Wikingerzeit auch traditionellerweise im Jahr 1066 mit der normannischen Eroberung Englands und dem fehlgeschlagenen skandinavischen Versuch, die eigene Dominanz in England wiederherzustellen, endet, so ist sie im Hinblick auf unser Thema doch bereits eine Generation früher zu Ende.

Unter den dänischen Königen der Jelling-Dynastie Sven Gabelbart und Knut dem Großen gelang es, den dänischen Einfluß in England so weit auszuweiten und durchzusetzen, daß beide Könige auch als Könige von England anerkannt wurden. Sven Gabelbart erreichte dies kurz vor seinem Tod 1014 und Knut der Große konnte ihm nach einigen Anfangsschwierigkeiten auf den Thron nachfolgen. So hingen beide Königreiche in einer – kurzlebigen – Personalunion zusammen, die mit dem Tode Knuts 1035 endete. Sven und Knut erlangten ihre Stellung durch blutige Eroberungen, und doch waren dies weniger Wikingerzüge als vielmehr Kriege mit politischen Zielen, mit dem Interesse der Herrschaftssicherung. Es war nun eine christliche Herrschaft. Der Sohn und der Enkel Harald Blauzahns, der als dänischer König Christ geworden war, blieben bei diesem Glauben. Das gilt auch, wenn Sven sich gegen seinen Vater erhob, ihn aus dem Lande trieb, und seinen Thron übernahm. Das war wohl kein Aufstand gegen eine christliche Herrschaft, sondern die Revolte gegen einen als ungerecht empfundenen Vater. Adam von Bremen schildert in seiner Hamburgischen Kirchengeschichte Svens Tat als heidnisch motiviert. Tatsächlich aber kam hier nun ein neues Problem ins Spiel. Denn mochten auch alle Christen wünschen, daß die Heiden aus ihrem Irrtum befreit und zum rechten Glauben bekehrt würden, so gab es doch unterschiedliche Vorstellungen darüber, durch wen diese Bekehrung vorgenommen werden sollte und wer für die neuen Christen zuständig war. Im Falle Svens und Knuts waren dies infolge der englischen Kontakte vor allem englische Geistliche. Für Norwegen galt das ohnehin. Für die hamburgische Kirche, die dadurch ihre Zuständigkeiten beschnitten sah, war dies nicht akzeptabel, daher die scharfe Einlassung. Es dauerte lange, bis es eine einige Kirche gab, ‚die Kirche' war keine früh- oder hochmittelalterliche Erscheinung.

Der Aufstand Svens gegen seinen christlichen Vater Harald
Adam von Bremen,
Gesta Hammaburgensis ecclesiae Pontificum II, 27

In der letzten Zeit des Erzbischofs [Adalbert von Hamburg-Bremen 1043–1072] wurde unsere Stellung im Barbarenlande erschüttert, das Christentum in Dänemark beeinträchtigt und ein feindseliger Mensch, der die schönen Anfänge des Gottesglaubens mit Mißgunst betrachtete, versuchte Unkraut zu säen. Damals unternahm nämlich Sven-Otto, der Sohn des großen Dänenkönigs Harald, zahlreiche Anschläge gegen seinen Vater und schmiedete Pläne mit Leuten, die sein Vater gegen ihren Willen zum Christentum gezwungen hatte, wie er den schon betagten und nicht mehr ganz gesunden Mann der Herrschaft berauben könne. So kam es also plötzlich zum Aufruhr, die Dänen sagten sich vom Christentume los, erhoben Sven zum König und sagten Harald die Fehde an.

Konzentrierte sich Knut zunächst auf die Verbindung mit Dänemark, so erreichte er doch eine Stellung, die ihn auch für andere bedeutende europäische Herrscher interessant machte. Der klassische Weg, die Kontakte regierender Familien enger zu gestalten, war die wechselseitige Verheiratung der Kinder. Bei Knut zeigt sich, wie weit die vormaligen Wikinger in den Kreis der europäischen Politik vorgedrungen waren.

Knut war auf einer Pilgerreise in Rom, als dort am 26. März 1027 der deutsche Herrscher Konrad II. (1024–1039) zum Kaiser gekrönt wurde. Vielleicht gab es bei dieser Gelegenheit erste Sondierungen, in jedem Fall kam es in der Folge zu einer Heiratsvereinbarung der beiden Herrscher. Konrads Sohn, der künf-

König Knut der Große und seine Frau Aelfgyfu
stiften der Kirche New Minster in Winchester ein Altarkreuz.
Zeichnung aus dem Liber Vitae, New Minster, um 1031. Photo: AKG Berlin.

tige Heinrich III., und Knuts Tochter Gunhild wurden einander zugesagt, mit der Hochzeit wurde eine Friedensvertrag zwischen den Königen bekräftigt. Dabei trat Konrad auch die Mark Schleswig an den dänischen König ab. Von dieser Verbindung wissen wir nur, was der Geschichtschreiber Adam von Bremen in seiner hamburgischen Kirchengeschichte festhielt: *Mit dem Dänen- und Angelsachsenkönig schloß er* [Konrad II.] *unter Vermittlung des Erzbischofs Frieden. Als der Kaiser außerdem noch für seinen Sohn* [Heinrich III.] *um Knuts Tochter anhielt, überließ er diesem als Unterpfand ihres Bundes die Stadt Schleswig mit der Mark jenseits der Eider. Seither gehört sie den dänischen Königen.* Die Verlobung wurde im Mai 1035 in Bamberg vereinbart. Als im Jahr darauf Heinrich und Gunhild in Nimwegen heirateten, lebte Knut der Große nicht mehr. Auch die junge Königin starb schon bald. Sie begleitete ihren Mann und ihren Schwiegervater Ende des Jahres 1036 nach Italien, und sie erlag dort im Juli 1038 einer Krankheit, die das Heer heimsuchte. Gunhild, oder Kunigunde, wie sich die Tochter Knuts in Deutschland nannte, wurde im neuerbauten salischen Kloster Limburg an der Haardt beigesetzt. So war diese Verbindung des Reiches mit dem dänischen Königsgeschlecht nicht von langer Dauer. Kaiser Konrad II. erreichte durch das Bündnis mit Knut die Unterstützung eines mächtigen Herrschers im Norden. Da der Kaiser mit den slawischen Nachbarn im Nordosten manche Spannung auszuhalten hatte, war eine solche Allianz eine Hilfe. Sie verhinderte zumindest, daß Knut als dänischer und englischer König sich den Gegnern des Kaisers anschloß. Dänemark erhielt neben einer Verbindung mit der kaiserlichen Familie die Mark Schleswig mit einer Handelsansiedlung, die sich anschickte, den alten Handelsplatz Haithabu in seiner Bedeutung zu beerben. Dieser Gebietsgewinn überdauerte die kurzlebige familiäre Verbindung. Schleswig wurde eine dänische Stadt.

Mit dem Blick auf diese Geschehnisse ist ein Wandel in der nordeuropäischen Politik unverkennbar. Daß ein dänischer König auf einer Pilgerreise nach Rom Kontakte mit dem Kaiser aufnahm, die in einer Hochzeit der Kinder und einer Regelung von Grenzstreitigkeiten endeten, und daß die Dänentochter als angeheiratete deutsche Königin dann nach Rom zog, um dort zu beten, läßt sich kaum der Wikingerzeit zuordnen, wenn man darunter mehr verstehen will, als eine ethnische Bezeichnung. Die Verhältnisse in Europa, und insbesondere im Norden Europas und den angrenzenden Ländern, hatten sich seit dem Beginn der Wikingerzeit deutlich verändert, und die Wikingerzüge hatten selber dazu beigetragen.

Die Wikinger und Europa: Phasen der Integration

Gute zweihundert Jahre hatte der Übergang gedauert, etwa vom Ende des achten bis zum Beginn des 11. Jahrhunderts. Die zu Beginn noch gegenseitige Kontaktaufnahme – wenn wir darunter alle Begegnungen von der Mission bis zum Raubzug verstehen – war im Laufe des neunten Jahrhunderts zu einer einseitigen Folge skandinavischer Züge nach Europa geworden. In der ersten heftigen Phase, die bis ans Ende des Jahrhunderts dauerte, lernten die überfallenen Franken erst allmählich, sich effektiv zur Wehr zu setzen. Es ging um Kämpfe und um Siege, um Überzeugungen oder Glauben ging es kaum. Das wurde im zehnten Jahrhundert anders, wahrscheinlich, weil erste militärische Erfolge und wiederholte Bündnisse mit den Skandinaviern den Schrecken gemildert hatten. Nun gab es größere Projekte der Bekehrung und Ansiedlung der Normannen, das bekannteste und erfolgreichste in der Gegend der Seinemündung um Rouen, der späteren Normandie. Hier siedelten sich die ersten Normannen um 911 an (Vertrag von St. Clair-sur-Epte). Ihre Anführer, die Familie, die sich als Herrscherdynastie etablieren konnte, wurde relativ bald christlich. Für die übrigen Normannen müssen wir eine längere Zeit annehmen – bis zu vier Generationen. Dann waren die Normannen tatsächlich zu Christen geworden, und es ist nicht zu übersehen, daß diese Entwicklung zumindest von der Entwicklung in ihren Herkunftsländern flankiert wurde. In der Zeit Knuts des Großen von England und Dänemark und Olafs des Heiligen von Norwegen (1015–1030) wurde das Christentum zumindest zur ‚offiziellen‘ Religion des Landes. Auch die Isländer, die keinen König hatten, erhielten um 1053 ihren ersten Bischof. Nur die Schweden waren noch nicht so weit – was wir sicher auch auf ihre Ausrichtung nach Osten zurückführen können. Dies waren allerdings die Befunde für die Herrscher oder die öffentlichen Repräsentanten. Die Menschen in Norwegen, Dänemark, Island und Schweden können noch lange ihren im Kern heidnischen Vorstellungen gefolgt sein. Sicher gab es längere Zeit solche Gestalten des Übergangs wie Helgi, von dem das Landnahmebuch Islands berichtet – eine deutlich spätere Quelle, die aber noch immer Verständnis für das Geschilderte erkennen läßt. Dort heißt es über den genannten Helgi: *Er wurde in Irland aufgezogen, und als er erwachsen war, wurde er ein Mann von großem Ansehen ...* Er fuhr dann mit seiner Familie nach Island und weiter heißt es: *Helgi hatte einen gemischten Glauben. Er glaubte an Christus, aber bei Seefahrten und schwierigen Unternehmungen rief er Thor an. Als er Island erblickte, befragte er Thor, wo er Land nehmen solle ... aber im Frühling verlegte er seine Wirtschaft nach Kristnes, und dort wohnte er, solange er lebte ... Helgi glaubte an Christus und nannte darum seinen Wohnsitz nach ihm.*

Menschen wie Helgi gab es wohl häufiger. Bekannt sind die handlichen Gußformen aus dieser Epoche, die neben der Form für ein christliches Kreuz auch eine Form für den Thorshammer hatten. So konnten die Metallgiesser effektiv für eine gemischte Kundschaft arbeiten, oder wie im Falle Helgis, beide Symbole an den selben Kunden veräußern. Diese Übergangsphase hat sicherlich eine Zeit lang gedauert, und in größerer Entfernung von der normierenden Zentrale der Christenheit in Rom, also etwa in Island, haben sich manche eigentümliche und nicht gerade genuin christliche Traditionen noch längere Zeit gehalten. Am Beispiel der Normandie haben wir versucht, für diesen religiösen und kulturellen Wandel Kriterien aufzustellen, um die Dauer des Übergangs genauer zu bestimmen. Doch ist dafür eine Überlieferung erforderlich, die den Wandel nicht im Rückblick beschreibt, sondern die unmittelbar aus diesem Wandel hervorgegangen ist. Nur so können wir den Übergang als einen Prozess erfassen. Eine solche Überlieferungslage ist im Norden nicht anzutreffen, denn die Geschichtschreibung beginnt erst im zwölften Jahrhundert, als das Christentum schon eine Normalität geworden war. Man mag vielleicht vorsichtig formulieren, daß der religiöse und kulturelle Wandel im Norden je nach den Umständen zwischen einer und drei Generationen gedauert hat (ca. 30–100 Jahre). Mehr als eine Annäherung ist diese Zeitangabe nicht. Um die Mitte des elften Jahrhunderts hatte das Christentum vielleicht noch nicht die Herzen der Menschen überall in Europa erfaßt, aber es war doch zur allgemein vorherrschenden Religion geworden, die nicht mehr ernsthaft in Frage gestellt wurde. Die Vorgänge der Wikingerzeit hatten das Verhältnis zwischen den nordischen Ländern und Europa trotz ihrer anfänglichen brachialen Klarheit deutlich komplexer werden lassen. Der Integrationsvorgang zeigte erkennbare Folgen und bereitete im elften Jahrhundert so etwas wie eine gemeinsame europäische Grundlage vor.

Island –
am Rande des hochmittelalterlichen Europa

Islands Besiedlung

Die skizzierten Entwicklungen waren in erster Linie die Folge zunehmender Kontakte. In der Normandie war dies evident. Gleichzeitig stellt uns die Entwicklung in der Normandie vor die Frage, welche Kräfte für den Fortgang der Integration maßgeblich waren, welche Bedeutung den persönlichen Kontakten und Erfahrungen im engen regionalen Rahmen zukam, und welche Rolle die europäischen Rahmenbedingungen spielten. Ein besonderer Fall ist in dieser Fragestellung die Erschließung Islands. So randständig diese Insel in der europäischen Geographie des Mittelalters zu liegen scheint, so spannend sind die Vorgänge dort für die Frage nach den Wirkungskräften der europäischen Integration – und so aufschlußreich sind sie auch.

In der umfangreichsten Quelle, die wir von der Besiedlung Islands besitzen, dem ‚Landnahmebuch‘, ist zu Beginn eine Navigationsanweisung aufgenommen, wie man von Norwegen nach Island und Grönland segelte. *Erfahrene Männer sagen, daß es von Stad in Norwegen (Dem westlichsten Punkt) westwärts bis Horn im östlichen Island sieben Tage zu segeln sei und von Snaefellsness, von wo es am nächsten ist, vier Tage Seefahrt westwärts bis Hvarf auf Grönland. Man sagt aber, wenn man von Bergen grade nach Westen segelt bis nach Hvarf auf Grönland, daß man dann zwölf Seemeilen südlich von Island vorbeifährt. Von Hernar in Norwegen bis Hvarf in Grönland soll man immer nach Westen segeln; dabei segelt man so weit nördlich von Shetland vorüber, daß dies nur bei ganz ruhiger See sichtbar ist, und so weit südlich von den Färöern, daß die See auf halber Höhe der Bergküste liegt, und so weit südlich von Island, daß Vögel und Wale von dort herüberkommen. Von Reykjanes im südlichen Island sind es drei Tage Seefahrt bis Jölduhlaup auf Irland im Süden ...*

Die älteste überlieferte Fassung dieses Textes stammt aus dem 13. Jahrhundert, aber im Verhältnis zu der geschilderten Landnahme um 900 hatten sich die Bedingungen der Seefahrt kaum geändert. Daher können wir diese Darstellung als Hinweis auf die Einbindung der großen Inseln im Nordatlantik in das Verkehrssystem des Nordens durchaus heranziehen. Die Besiedlung Islands begann um 870 und nach 60 Jahren waren die besten Gebiete verteilt und der Vorgang im Wesentlichen abgeschlossen. Damit gehört die Geschichte Islands nicht nur räumlich in den Zusammenhang der Wikingerzüge im Atlantik, sondern auch in ihrer engeren Chronologie. Denn bei aller internen Differenzierung nach der Herkunft der Normannen ist doch nicht zu übersehen, daß die Siedlungsbewegung nach Island einsetzte, als in England und im Frankenreich erstmals größere Normannenverbände in Erscheinung traten (*great army*). In der isländischen Tradition heißen die Jahre von 870 bis 930 die „Landnahmezeit". Die älteste schriftliche Überlieferung ist das Isländerbuch des isländischen Priesters Ari Thorgilsson (1068–1148). Das ‚Islendingabók' entstand in den zwanziger Jahren des 12. Jahrhunderts. Es ist ein knapper, aber sehr wichtiger Text, denn aus ihm erfahren wir neben den Grundzügen der Besiedlungsgeschichte und ihrer Chronologie auch Entscheidendes über die Organisation des politischen Lebens, über die Aufteilung des Landes in Thingbezirke und über die isländische Selbstverwaltung. *Auch dies haben kluge Männer erzählt, daß Island in sechzig Jahren so vollständig besiedelt wurde, wie es seitdem geblieben ist.* Die weitere Entwicklung Islands ist uns in lebendiger und oft dramatischer Weise durch die sogenannten Sagas überliefert. Diese altnordische Literatur, deren Gegenstand das Schicksal einzelner bedeutender Familien war und die von der Besiedlung Grönlands und der Fahrt nach dem sagenhaften „Vinland" – wahrscheinlich Neufundland – erzählt, verbindet legendenhafte Züge mit historischer Erzählung. Das Verhältnis von „Saga and society" ist immer wieder der Gegenstand von Forschungsüberlegungen gewesen und ist es noch. Dabei spielt einmal die Frage nach dem Anteil literarischer Fiktion und menschlicher Phantasie an diesen Erzählungen eine Rolle und andererseits auch die Frage, welche Veränderungen ein ursprünglich realitätsnaher Text im

Verlauf einer generationenlangen mündlichen Tradierung durchlief. Denn aufgeschrieben wurden die Sagas zwischen 1190 und 1230. Die Zeit, die sie behandeln, heißt in der isländischen Geschichte die „Sagazeit": das Jahrhundert zwischen ca. 930 und 1030. Wenn wir die Saga-Texte über diese Zeit auch mit der skizzierten Vorsicht konsultieren müssen, so haben sich doch eine Reihe von Geschichten durch archäologische Funde erhärten lassen.

Isleifs Heirat
Geschichten von Bischof Isleif Gizursson, Kap. 2

Dalla stand oben auf einem Heuhaufen, ein bildhübsches Mädchen. Thorvald [ihr Vater] ging dorthin. Sie fragte: „Was waren das für unbekannte Männer?" Er sagte es ihr. Sie fragte: „Was hatten sie für ein Anliegen?" Er sagte, sie hätten um ihre Hand anhalten wollen. Sie fragte: „Was hast du geantwortet?" Er sagte es ihr. [Isleif, der Dalla heiraten wollte, sollte seinen Hof aufgeben, und zu Dalla in den Norden ziehen. Das wollte Isleif nicht.] Sie erwiderte: „Das hätte der Heirat nicht im Wege gestanden, wenn's nach mir gegangen wäre." Er antwortete: „Liegt dir sehr viel daran?" Sie sagte: „Mag schon drauf hinauskommen; denn ich habe den Ehrgeiz, den besten Mann zu bekommen und mit ihm den bedeutendsten Sohn, der auf Island geboren wird. Es dünkt mich nicht unrätlich, ihnen nachzuschicken."
Er erwiderte: „Es ist mir nicht gleichgültig, was du hierüber denkst."
Darauf ritt man ihnen nach. Thorvald sagte nun, er sei der Meinung, daß das der Heirat nicht im Wege stehen würde, wenn er nicht in den Norden zöge. Isleif erklärte, mit der Antwort sei er zufrieden. Darauf wurde sie ihm vermählt; sie wohnten danach in Skalaholt und bekamen Gizur, Teit und Thorvald zu Söhnen, lauter bedeutende Männer, wenn auch einer sie alle übertraf. Gizur war ein großer und starker Mann. Später beschlossen die Isländer, einen Bischof über sich zu haben, und dazu wurde Isleif gewählt.

Die ersten Siedler kamen aus Norwegen. Sie waren Heiden und sie fanden nach Angaben des Isländerbuchs ein bewaldetes Land vor. Den Kontakt mit dem norwegischen Heimatland hielten sie in den folgenden Jahrhunderten mit großer Regelmäßigkeit und Selbstverständlichkeit aufrecht. Es paßt zu diesem Bild eines engeren Geflechts von Schottland, Irland, den Shetlands und den Färöern auch, daß das Landnahmebuch die erste Entdeckung der Insel einem Norweger zuschreibt, der eigentlich auf die Färöer segeln wollte, aber vom Wind nach Island abgetrieben wurde. Viele der ersten Siedler sollen dann Norweger aus Schottland oder Irland gewesen sein. Tatsächlich trennte das Meer diese Niederlassungen nicht voneinander, sondern es verband sie. Schon bald nach dem Bekanntwerden der ersten erfolgreichen Ansiedlungen setzte eine – für die damalige Zeit und die damaligen Verhältnisse – entschiedene Besiedlungswelle ein. Die Siedler nahmen ihre Familie, ihre Bediensteten und Sklaven, ihr Vieh und ihre Habe mit und machten sich auf den Weg. Als Transportmittel kam eigentlich nur ein Schiffstyp infrage, der bei einer Ausgrabung im Roskildefjord gefunden wurde: ein geräumiges Transportschiff, ein sogenannter *knorr* oder *knörr*, der als Handels- und Frachtschiff – nicht als Kriegsschiff – wohl das zentrale Verkehrsmittel der Wikingerzeit im Nordatlantik gewesen ist. Island ist ein großes Land, und für die ersten, die dorthin kamen, gab es reichlich Platz. Mancher Siedler zog erst einige Zeit umher, bevor er sich für einen Ort entschied. Erste Erfahrungen mit dem neuen Land mußten gemacht werden, es galt manche Rückschläge zu verkraften. So hatte einer der ersten Siedler zwar eine größere Zahl Vieh mitbringen können, aber da er es versäumte, rechtzeitig Heu einzubringen, starben ihm alle Tiere im ersten Winter und er mußte zurückkehren. Mancher suchte sich seinen Siedlungsplatz nach archaischem Ritus. Aus Norwegen hatten diese Siedler die sogenannten Hochsitzpfosten mitgebracht. Sie markierten im Haus einen besonderen Ehrenplatz, einen erhobenen Sitzplatz. Es ist nicht ganz klar, inwieweit sie das Dach des Hauses trugen. In jedem Falle kam diesen Pfosten eine besondere rituelle Bedeutung zu, und so waren sie durch Schnitzereien geschmückt. Mancher Siedler hatte diese Pfosten seines alten Hauses mitgenommen und warf sie bei der

Annäherung an die isländische Küste über Bord. Dort, wo die Pfosten angeschwemmt wurden, erfolgte dann die Landnahme – wenn man die Pfosten wiederfand. Man siedelte extensiv und kam sich nicht allzu nah. Nach etwa zwei Generationen, um 930, waren wohl die besten Plätze vergeben. Dabei wissen wir nicht genauer, wieviele Menschen sich nun dort auf dieser großen Insel am nördlichen Rande Europas niedergelassen hatten. Das Landnahmebuch hatte gut 400 der ersten Siedler mit Namen und Ansiedlung genannt. Am Ende von Aris Isländerbuch werden im Zusammenhang mit der Einführung eines Kirchenzehnten in der zweiten Hälfte des 11. Jahrhunderts Zahlen genannt. Islands Bischof hatte die Grundbesitzer im Lande zählen lassen, und die Zählung ergab 4560 freie Bauern. Die Frage wäre nun, wieviele Familienangehörige und Arbeitskräfte jeweils auf den Höfen dieser Bauern lebten und arbeiteten. Wie in solchen Fällen üblich, kommt man bei der Extrapolation dieser Zahlen zu deutlich unterschiedlichen Ergebnissen, die zwischen 20000 und 70000 Menschen schwanken. Zurückhaltung gegenüber hohen Zahlen ist sicher angebracht.

Islands Verfassung und Christianisierung

Was können wir über das Zusammenleben der Siedler auf Island sagen? Die Isländer legten Wert auf ihre Freiheit. Sie hatten keinen König und bis 1263 blieb dies auch so. Wir werden weiter unten darauf zurückkommen, wie Island im späten dreizehnten Jahrhundert ebenso einen König bekam wie die anderen europäischen Länder auch. Die Voraussetzungen für die Einführung einer Königsherrschaft entstanden auch im Zuge der europäischen Integration, die das Thema dieses Essays ist. Doch noch war es nicht so weit. Die ersten Jahrhunderte ihrer Geschichte kamen die Isländer ohne König aus. Sie kamen sogar weitgehend ohne eine politische Struktur aus, die auf Zwangsmittel aufgebaut war. Man war aus Norwegen gewohnt, daß bestimmte Männer aufgrund ihrer Herkunft, ihres Reichtums oder ihrer militärischen Stärke mehr zu sagen hatten als andere. In Norwegen hießen sie Häuptlinge, Jarle oder auch Könige. In

Island hießen solche Männer Goden. Umfang und Basis ihrer Stellung in der isländischen Gesellschaft ist nicht ganz klar. Sie waren wohl Vorsteher einer heidnischen Kultgemeinde und hatten auch eine rechtsprechende Funktion. Die Quellen sind nicht sehr deutlich. Es ist allerdings klar, daß die Gefolgschaft dieser Goden auf einer persönlichen Bindung beruhte, die nicht an regionale Grenzziehungen gebunden war. Diese Beziehung zwischen einem Goden und seinen Gefolgsleuten basierte auf Freiwilligkeit. Sowohl der Gode als auch sein Gefolgsmann konnten die Verbindung auflösen. Außerdem gab es in den verschiedenen Gegenden Islands die Versammlung der Freien zur Klärung von Streitfällen, Gesetzesverstößen und Problemen, die das Zusammenleben mit sich brachte: die Thingversammlungen. Geleitet wurden diese Versammlungen von den Goden und sie orientierten sich in ihren Rechtssprüchen am Vorbild des westnorwegischen Rechts. Diese sehr lockere Struktur führte zu manchen Problemen in Hinblick auf die Zuständigkeiten, und im Jahr 965 teilte man das ganze Land in vier Teile auf, die sogenannten Viertel. Sie waren nach den Himmelsrichtungen benannt. In jedem Viertel gab es drei Thingversammlungen, nur im Norden gab es vier und in jedem Viertel gab es eine gemeinsame Thingversammlung. Jedes Jahr im Sommer gab es im Südwesten der Insel ein zweiwöchiges, allgemeines Thing, das sich mit den Angelegenheiten des ganzen Landes befaßte. Dieses Allthing wählte einen Gesetzessprecher, der die Versammlung eröffnete und in Streitfragen sein Rechtswissen kundtat, ansonsten verfügte er über keine Machtmittel. Das Thingverfahren zielte auf den Ausgleich der Interessen. Wie das konkret vor sich gehen konnte, ist uns anhand der Diskussion über die Einführung des Christentums auf Island im Jahr 1000 sehr gut überliefert.

Gegen Ende des zehnten Jahrhunderts hatte es verschiedene Versuche gegeben, die Isländer zum Christentum zu bekehren. Der ein oder andere Missionar war ins Land gekommen und die Isländer ließen ihn gewähren, solange er sich nicht gewalttätig gebärdete – wie etwa ihr Landsmann Thorvald, der auf seinen Reisen in Sachsen zum Christen geworden war und auf einer Thingversammlung in Island, auf der er eigentlich den

Thingvellir, die Thingebene östlich von Reykjavik.
Hier versammelte sich alljährlich für zwei Wochen das Allthing.
Photo: Michael Feldmann.

christlichen Glauben predigen sollte, zwei Männer erschlug, die ihn mit Spottversen provoziert hatten. Nur wenige Isländer folgten der neuen Lehre. Während der kurzen Herrschaftszeit des norwegischen Königs Olaf Tryggvasson, der sich mit rabiater Energie für die Christianisierung seines Landes einsetzte, nahm der Druck auf Island zu. Der König hatte zunächst den schon zitierten Thorvald als Missionar nach Island gesandt. Seine Mission brachte keinen Durchbruch, und er mußte die Insel wieder verlassen. Zu seinem Mißerfolg hatte wohl auch sein gewalttätiger Auftritt beigetragen. Die Geduld des Königs mit den heidnischen Isländern war begrenzt. Er drohte nun, alle in Norwegen befindlichen Isländer zu töten oder zu verstümmeln, aber er ließ sich von zwei Isländern umstimmen, die noch einmal auf ihre Landsleute einwirken wollten. Sie kamen im nächsten Sommer nach Island, als das Allthing tagte. Als sie den Ort des Things erreichten, wo man bereits wußte, daß sie für das Christentum sprechen wollten, denn sie hatten sich durch Boten angekündigt, wäre es fast zum ersten gewalttätigen Zusammenstoß mit den Heiden gekommen. Die Fürsprecher des Christentums und die heidnischen Isländer standen sich entschlossen gegenüber. Die jeweiligen Standpunkte schienen unvereinbar zu sein. Jede Seite versuchte, die Verfahrensregeln des Thing für ihr Anliegen dienstbar zu machen. Doch war die Folge nicht, daß die Gegner einlenkten, sondern daß man sich gegenseitig die Rechtsgemeinschaft aufkündigte und den Beratungsort verließ. Dadurch entstand eine gefährliche Situation, denn dieses Zerwürfnis brachte die Ordnung des isländischen Zusammenlebens in Gefahr. Nun kam dem Gesetzessprecher die entscheidende Schlüsselrolle zu. Er mußte eine Lösung finden, die für beide Seiten akzeptabel war. Entsprechend bereitete er sich vor. Er legte sich auf den Boden und breitete seinen Mantel über sich. So lag er einen Tag und eine Nacht und schwieg. Am nächsten Morgen aber war er bereit. Er rief das Thing zusammen und machte der Versammlung eindringlich klar, wie gefährlich die Lage für das künftige Zusammenleben war. Wenn sich nicht alle an ein und dasselbe Gesetz gebunden fühlten, dann würde Zwietracht, Mord und Totschlag die Folge sein. Um eine tragfähige Lösung zu finden, solle man sich nicht an den Extrempositionen der zerstrittenen Parteien orientieren, *sondern lieber einen Ausgleich zwischen ihnen suchen, so daß beide Teile in etwas ihren Willen bekommen, alle aber ein Gesetz und einen Glauben haben. Es wird sich bewahrheiten, daß, wenn wir den Gesetzesverband zerreißen, wir auch den Frieden zerreißen.* Und so wurde für Island das Gesetz verkündet, daß alle Einwohner sich taufen lassen sollten. Allerdings sollte die isländische Möglichkeit der Kindesaussetzung noch nicht abgeschafft werden und auch der Genuß von Pferdefleisch war noch erlaubt. Wer weiter seinen heidnischen Göttern opfern wollte, sollte dies heimlich tun, oder er riskierte die Verbannung. Dies waren Übergangsregelungen. Die Aussetzung von ungewollten Kindern war seit der Antike eine Möglichkeit, ungewolltem Nachwuchs die Aufnahme in die Familie zu verweigern. Solange das Kind nicht durch eine rituelle Aufnahme in die Familie zu einem schutzwürdigen Lebewesen geworden war, war die Verweigerung der Nahrung oder die Aussetzung eine sozial akzeptierte Form der Familienplanung. Die Opfer waren zumeist Mädchen. Mit der Durchsetzung des Christentums verlor diese Praxis ihre Legitimität. Das Essen von Pferdefleisch war wegen der häufigen Verbindung mit dem heidnischen Pferdeopfer nach christlicher Vorstellung verboten. Es galt als Zeichen heidnischer Lebensweise. Nachdrücklich hatte schon Papst Gregor III. (731–741) den Missionar Bonifatius (675–754) ermahnt, das Essen von Hauspferden zu verbieten: *unterbinde das auf alle möglichen Arten mit Christi Hilfe völlig und lege ihnen die verdiente Buße auf; denn es ist unrein und abscheulich.* Nach einigen Jahren wurden diese Sonderregeln dann aufgehoben und durch christliche Verbote ersetzt. So wurden die Isländer im Jahre 1000 Christen.

Die Schilderung der Thingversammlung ist aufschlußreich in Hinsicht auf die Beschlußfassung und das Verfahren dieser Einrichtung. Sie unterstützt die Darstellung Rimberts, der anläßlich von Ansgars zweiter Missionsreise nach Schweden über die Entscheidungsfindung bei einer Thingversammlung geschrieben hatte, *daß die Entscheidung über jede öffentliche Angelegenheit mehr im einmütigen Volkswillen, als in der Macht des Königs* liege. Die Einmütigkeit, der Konsens derjenigen, die etwas zu sagen hatten, war das Ziel der Beratung. Das Verfahren mußte eine für alle tragbare Lösung bringen, im isländischen Fall ist das Vorgehen im Grunde ein klassischer Kompromiß, auch wenn die Vorstellung eines Kompromisses eher moderner Natur ist. Die Thingversammlung war offenkundig kein Ort, wo eine soziale Ordnung durch institutionelle Macht garantiert wurde. Das Zusammenleben basierte auf einem gemeinsamen Regelwerk, in diesem konkreten Fall auf den Gesetzen des norwegischen Westens, des Gulathings. Aber die Gesetze waren in Island offenkundig nicht an ein bestimmtes Territorium gebunden, sondern sie beruhten auf der Vereinbarung der freien Bewohner. Die soziale, politische und religiöse Ordnung, also die Ordnung des menschlichen Zusammenlebens auf Island beruhte auf einem gewissen Maß an Freiwilligkeit. Daher mußten im Konfliktfall die Streitenden immer wieder eingebunden werden.

Die Annahme des Christentums durch Islands höchste politische Instanz bedeutete für diese Insel am nördlichen Rand der bewohnten Welt den Anschluß an das christliche Europa. Zumindest in einer abstrakten Ordnungsvorstellung. Die Auswir-

kungen werden schon darin deutlich, daß Ari, der Verfasser des
Isländerbuchs zu Beginn des 12. Jahrhunderts besonderen Wert
darauf legte, die Geschehnisse auf der Insel in die christliche
Zeitrechnung einzuordnen. Er verzichtete dabei auf eine relative
Chronologie, die sich an der Generationenfolge der bedeutenden Siedlerfamilien orientiert hätte. Die Menschen, die für eine
konkrete Anbindung der fernen Insel sorgten, waren weit gereist. Island selber war vor seiner ‚offiziellen' Christianisierung
von sächsischen Missionaren besucht worden, die mit geringem
Erfolg versucht hatten, die Isländer zum Christentum zu bekehren. 50 Jahre nach der Annahme des Christentums hielten die
Isländer die Zeit für reif, einen eigenen Bischof zu haben. Sie
konnten zwar den Kandidaten auswählen, aber für die Bestätigung dieses Schrittes und für die Weihe des Kandidaten bedurfte
es der Zustimmung der zuständigen kirchlichen Autorität. Dies
war zumindest formell noch der Erzbischof von Hamburg-Bremen, oder in einem nächsten Schritt – weil man im Norden die
Hamburgische Kirche nur widerstrebend als zuständigen Metropolitansitz anerkannte – der Papst in Rom. Dorthin reiste der
erste angehende Bischof von Island. Es war eine weite Reise,
doch Isleif, den die Isländer dazu ausersehen hatten, war solche
Reisen gewohnt. Er war nun ein respektierter Mann von fünfzig
Jahren, aber er hatte in seiner Jugend die Schule der Stiftskirche
im westfälischen Herford besucht. Nun kehrte er auf seinem
Weg nach Rom nach Deutschland zurück und machte auch Kaiser Heinrich III. seine Aufwartung. Dann reiste er nach Rom,
ließ sich die isländischen Kirchenpläne bestätigen und wurde auf
dem Rückweg von Erzbischof Adalbert von Hamburg-Bremen
zum Bischof geweiht. Er kehrte nach Island zurück und war dort
noch vierundzwanzig Jahre lang Bischof. Natürlich war es keine
reiche Kirche, der er vorstand. Es war auch keine institutionell
gefestigte Kirche und so stiftete es Kontinuität, daß Isleifs eigener Sohn sein Nachfolger wurde. Und es half, daß dieser Sohn
das Familiengut, den Hof Skàlkolt, der Kirche als künftigen Bischofssitz stiftete. Die Strukturen waren konkret. Sie wurden
von Menschen begründet und aufrechterhalten, die lange Reisen
und große Entbehrungen auf sich nahmen. Dies ist eine beeindruckende Eigentümlichkeit dieser Epoche der nordischen Ge-

schichte. Die Universalität der christlichen Welt bedeutet unter den Kommunikationsbedingungen des elften Jahrhunderts manche gefahrvolle Herausforderung. Die Menschen begegneten ihnen mit praktischem Sinn. So einfach die Strukturen der isländischen Kirche waren, ihre Bischöfe agierten vor einem weiten Horizont.

Das Ringen
um die kirchliche Hegemonie im Norden
in der zweiten Hälfte des elften Jahrhunderts

Grundprobleme der nordischen Christianisierung

Europa hatte sich verändert. Seine Ordnungsvorstellungen entsprangen nun einem zunehmend einheitlichen christlichen Weltbild. Der Norden, der allmählich christlich wurde, gewann durch diesen Wandel eine größere Eigenständigkeit. Wenn es im Norden Gemeinden gab, die nicht mehr missioniert werden mußten, sondern die ein eigenes christliches Leben führten, dann konnten sie auch beginnen, mit eigener Stimme zu sprechen. Das ist allerdings eine Feststellung, die einer Differenzierung bedarf, bevor wir sie zum Ausgangspunkt für die weitere Betrachtung machen können. Denn ‚der Norden' war keineswegs ein einheitliches Gebiet mit einheitlichen Interessen. Es gab starke regionale Unterschiede, schon allein infolge der mitunter schwierigen Kommunikationswege. Aber es war nicht allein ein technisches Problem, denn es gab auch sehr unterschiedliche Interessen. Aus dem Bericht des Isländerbuches über die Einführung des Christentums im Jahre 1000 konnten wir ersehen, daß die Bekehrung zum Christentum in hohem Maße durch pragmatische politische Überlegungen befördert worden war. Die Religion und ihr Ordnungssystem hatten Auswirkungen auf das soziale Leben, auf die Machtverhältnisse innerhalb der verschiedenen Länder des Nordens und auf das Verhältnis dieser Länder untereinander. Daß die dänischen Könige im Norden eine Hegemonie beanspruchten, hatte schon eine längere Tradition. Daß sich dieser Anspruch durchaus auch mit einer Führungsrolle in der Mission verbinden ließ, das ließ König Harald Blauzahn mit seiner Inschrift auf dem Runenstein von Jelling erkennen. Wenn er dort festhielt, daß er ganz Dänemark und Norwegen gewonnen und die Dänen zu Christen gemacht habe, so waren Herrschaft und

Mission miteinander verbunden. Für die Norweger, deren Bekehrung Harald nicht für sich beanspruchte, konnte das für die Zukunft heißen, daß eine Christianisierung, etwa durch Missionare in Haralds Auftrag, die Hegemonie des dänischen Königs noch befördern würde. Wenn wir annehmen, daß im Hintergrund der Auseinandersetzung um die Einführung des Christentums ein Kampf um die Ansprüche auf die Königsmacht in Norwegen stand, können wir die Gewalttätigkeit, mit der König Olaf Tryggvasson in den Jahren vor der Jahrtausendwende die Bekehrung seiner Landsleute vorantrieb, besser verstehen. Es gab und gibt zwar theologisch gesehen immer nur eine Christenheit, aber in dem realen Volke Gottes gab es doch ein ganzes Spektrum unterschiedlicher Christengemeinden mit sehr divergierenden Interessen und Loyalitäten.

Einen Weg gab es für die Norweger, wenn sie das Christentum nicht ablehnen, es aber auch nicht durch die Vermittlung des dänischen Königs oder des zumindest nominell zuständigen Erzbischofs von Hamburg-Bremen erlangen wollten. Das war der direkte Weg nach Rom, zum Grab der Apostel und zu der Autorität, die sich seit der Mitte des elften Jahrhunderts als die einzige legitime Nachfolge des Apostels Petrus darzustellen begann: dem Papst. Zu Beginn des elften Jahrhunderts war das Papsttum noch eine weitgehend regional-römische Angelegenheit, das Amt des Papstes wurde von Vertretern des römischen Adels wahrgenommen, dessen verschiedene Familien um die Besetzung konkurrierten. Um die Mitte des elften Jahrhunderts aber begann die Phase des Reformpapsttums, in deren Folge die römischen Päpste ein solches Selbstverständnis entwickelten, daß ihr Führungsanspruch über die Christenheit jenen Konflikt mit den weltlichen Führern der Christenheit, den Königen und dem Kaiser heraufbeschwor, den wir den Investiturstreit nennen. Dieser Begriff leitet sich daraus ab, daß die Einsetzung (Investitur) der Bischöfe im Zentrum der Auseinandersetzung zwischen dem Kaiser und dem Papst stand. Der Streit um die Einsetzung eines Bischofs – des Erzbischofs von Mailand – löste den Konflikt aus. Die Frage, wer den Bischof einsetzen konnte, war aber mehr als ein Anlaß zu der Auseinandersetzung, denn in diesem Vorgang berührten sich die geistliche und die weltliche Sphäre.

Im Reich setzte der Kaiser die Bischöfe und auch wichtige Äbte ein. In diesem Vorgang kam die enge Verbindung der führenden kirchlichen Ämter mit der weltlichen Herrschaft zum Ausdruck. Die Investitur war das sichtbare Zeichen dafür, daß der Herrscher dem Bischof nicht nur die Rechte an den Besitztümern seiner Kirche übertrug, sondern daß er ihn auch in seine geistliche Funktion einsetzte. Dazu mußte der Herrscher selber eine geistliche Amtsbefugnis haben. Anläßlich seiner Weihe zum König wurde Konrad II. im Jahre 1024 von dem Erzbischof von Mainz daran erinnert: *ein Stellvertreter Christi bist Du.* Gegen diesen sakralen Charakter, den die Kaiser, aber auch die anderen europäischen Herrscher mit einer gewissen Selbstverständlichkeit beanspruchten, richtete sich der Angriff der Kirchenreformer. Indem sie das Recht des Herrschers auf die Einsetzung des Bischofs in sein geistliches Amt bestritten, bestritten sie die Sakralität der Macht.

Es war eine langwierige Auseinandersetzung, die mit verschiedenen Wandlungen während des gesamten hier behandelten Zeitraums andauerte, aber als den eigentlichen Investiturstreit bezeichnet man die Phase zwischen etwa 1075 (Einsetzung des Mailänder Erzbischofs durch Kaiser Heinrich IV.) und 1122 (Wormser Konkordat).

Die radikalen Kirchenreformer, getragen von einer tiefen religiösen Besorgnis um das Heil der Christenheit – eine Besorgnis, die uns aus vielen überlieferten Zeugnissen dieser Zeit entgegentritt –, verlangten eine deutlichere Abgrenzung der sakralen, kirchlichen Sphäre von dem weltlichen als problematisch empfundenen, Milieu. An die Amtsträger der Kirche, an die Verwalter der göttlichen Gnadengaben, der Sakramente, wurden nun besondere Ansprüche gestellt. Die besondere Würde ihres Amtes verlangte, daß sie sich von jeglicher Verquickung mit weltlichen Interessen befreiten: Der Kampfruf war „die Freiheit der Kirche": *libertas ecclesiae,* das Feindbild war die *Simonie* – der Ämterkauf. Im Wormser Konkordat von 1122 wurden die geistliche und die weltliche Sphäre nun erstmals begrifflich voneinander getrennt. Die weltlichen Hoheitsrechte, die mit den herausgehobenen kirchlichen Ämtern verbunden waren (*temporalia*) wurden weiterhin vom König verliehen. Für die Einsetzung in die geistlichen Amtsbefugnisse (*spiritualia*) war dagegen künftig die kirchliche Autorität zuständig. Doch waren diese Regelungen in der Praxis noch lange umstritten. Um die Durchsetzung dieser kirchlichen Rechtsansprüche zu ermöglichen, bedurfte es einer verschärften Disziplin und einer zentralen Leitung, die nun vom Papsttum in Rom beansprucht und gleichzeitig aufgrund eines neuen Problembewußtseins bei vielen kirchlichen Amtsträgern den Päpsten in Rom auch zugestanden wurde. Seit der zweiten Hälfte des elften Jahrhunderts wurde das Papsttum allmählich zu einer europäischen Größe.

In Hinblick auf den Norden können wir feststellen, daß schon zu Beginn der norwegischen und auch der isländischen Kirchengeschichte eine gewisse Romorientierung angelegt war. Sie fand in den einsetzenden Pilgerfahrten aus dem Norden nach Rom ihren konkreten Ausdruck, und bis zum Ende des 13. Jahrhunderts wurde diese Orientierung zu einer bedeutenden Komponente bei der Integration des Nordens in die europäische Ordnung. Wir kommen bald darauf zurück. Zunächst wenden wir uns wieder den Entwicklungen des Nordens im 11. Jahrhundert zu.

Die Schweden erhielten ihren ersten Bischof zu der Zeit, als auch Island seinen ersten Bischof bekam, um 1050. Der Sitz des schwedischen Bischofs war die Handelsstadt Sigtuna, unweit des vormaligen Handelszentrums Birka, an dessen Stelle Sigtuna im Laufe des 11. Jahrhunderts trat. Allerdings sind diese schwedischen Anfänge etwas undeutlich. Adam von Bremen, der Historiker der Hamburger Kirche und im Hinblick auf den Norden unsere umfangreichste Quelle, berichtet aus der frühen Zeit dieser schwedischen Christianisierung von einem großen heidnischen Tempel in Uppsala. Die Anhänger diese Kultes hätten mit dem König Olaf („Schoßkönig", † 1020) eine Art gegenseitiges Duldungsabkommen geschlossen: Um den König davon abzubringen, ihren Tempel zu zerstören, hätten die Heiden ihm das Recht eingeräumt, in einer Region seiner Wahl ein Zentrum des christlichen Glaubens und Gesetzes zu errichten, allerdings dürfe er niemanden zum christlichen Glauben zwingen. Der König habe sich daraufhin für die Stadt Skara in Westergötland entschieden (Adam II, 58). Es ist dies einer der seltenen schriftlichen Belege für eine größere heidnische Kultstätte im Norden. Leider haben sich Adams Angaben nicht durch archäologische Funde bestätigen lassen.

Der heidnische Tempel in Uppsala
Adam von Bremen,
Gesta Hammaburgensis ecclesiae Pontificum IV, 26

Dieses Volk besitzt einen besonders angesehenen Tempel in Uppsala, nicht weit vom Ort Sigtuna und Birka entfernt. In diesem ganz aus Gold gefertigten Tempel verehrt das Volk die Bilder dreier Götter; als mächtigster hat in der Mitte des Raumes Thor seinen Thronsitz. Den Platz rechts und links von ihm nehmen Wodan und Frikko ein. Man gibt ihnen folgende Deutung: „Thor", so heißt es, „herrscht in der Luft; er gebietet Donner und Blitzen, Wind und Regen, Sonnenschein und Frucht. Der zweite Wodan, die Wut, führt Kriege und verleiht dem Menschen Kraft gegen seine Feinde. Frikko, der dritte, schenkt den Menschen Frieden und Lust." Daher versehen sie sein Bild auch mit einem ungeheuren männlichen Gliede. Wodan stellen sie bewaffnet dar, wie wir den Mars. Thor endlich gleicht durch sein Szepter offensichtlich dem Jupiter. Außerdem verehren sie zu Göttern erhobene Menschen, die sie für große Taten mit der Unsterblichkeit beschenken; im Leben des heiligen Ansgar kann man nachlesen, daß sie es mit König Erik so gemacht haben.

IV, 27
Auch wird alle neun Jahre in Uppsala ein gemeinsames Fest aller schwedischen Stämme begangen. Für dieses Fest wird niemand von Leistungen befreit. Könige und Stämme, die Gesamtheit und die Einzelnen, alle bringen ihre Opfergaben nach Uppsala, und es übertrifft jede Strafe an Härte, daß selbst diejenigen, die schon das Christentum angenommen haben, sich von diesem Kult freikaufen müssen. Die Opferfeier geht folgendermaßen vor sich: von jeder Art männlicher Lebewesen werden neun Stück dargebracht; mit ihrem Blut pflegt

man die Götter zu versöhnen. Die Leiber werden in einem den Tempel umgebenden Haine aufgehängt. Dieser Hain ist den Heiligen so heilig, daß man glaubt, jeder einzelne Baum darin habe durch Tod und Verwesung der Schlachtopfer göttliche Kraft gewonnen. Da hängen Hunde, Pferde und Menschen; ein Christ hat mir erzählt, er habe 72 solcher Leichen ungeordnet nebeneinander hängen sehen. Im übrigen singt man bei Opferfeiern vielerlei unanständige Lieder, die ich lieber verschweigen will.

Adams Kirchengeschichte

Adam von Bremen ist unsere beste Quelle für die Verhältnisse im Norden Europas in der zweiten Hälfte des 11. Jahrhunderts. Das gilt sowohl für die tatsächlichen Verhältnisse, über die wir ohne seine hamburgische Kirchengeschichte nur wenig wüßten, wie auch für seine spezifische Sicht auf den Norden, die er uns als Vertreter der Interessen der Hamburger Kirche und ihrer Erzbischöfe präsentiert. Und außerdem gibt er uns lebendige Portraits der Erzbischöfe, die in den Beziehungen des Reiches zum Norden eine bedeutende Rolle spielen – der bedeutendste dieser Erzbischöfe war Adalbert, der dem Erzbistum 29 Jahre lang vorstand (Mai 1043–März 1072). Ihm hat Adam das ganze 3. Buch seiner Hamburger Kirchengeschichte gewidmet. Unter Adalbert, der sich mit großer Sicherheit und Selbstverständlichkeit in der Welt der Großen und Mächtigen zu bewegen wußte, und der engen Kontakt zum deutschen Herrscher pflegte, gelangte die Hamburgisch-Bremische Kirche für eine Zeit lang in den Zenit ihrer Bedeutung, um dann schließlich eine deutliche Beschneidung ihrer Kompetenzen hinnehmen zu müssen. Zu diesem Bedeutungsverlust hatte auch Adalberts immer herrischer werdendes Auftreten beigetragen, der seine eigenen Möglichkeiten aus dem Blick verlor und letztlich seinen Gegnern nutzte. Doch war Adalbert wohl eine Gestalt dieser Übergangsphase in der zweiten Häfte des elften Jahrhunderts, in der eine erste energische Abgrenzung zwischen den geistlichen und den weltlichen Ämtern und ihren Befugnissen vorgenommen wurde. Diese Abgrenzungen zwischen dem geistlichen und dem weltlichen Einflußbereich waren auch die Folge davon, daß Rechte und Zuständigkeiten, die bislang nicht allzu klar festgelegt waren, nun deutlich präzisiert wurden. Diese Präzisierungen konnten auch zur Folge haben, daß Ansprüche, die allmählich an Geltung verloren und die bislang nicht allzu deutlich ausgesprochen worden waren, in defensiver Absicht noch einmal besonders weitreichend formuliert wurden. Für die historische Betrachtung ist eine solche Krise im Zusammenspiel mit einem solchen Chronisten wie Adam ein Glücksfall.

Adalbert war ein hocharistokratischer Kirchenfürst, der über charakteristische Eigenschaften von Männern seines Standes in besonders ausgeprägter Weise verfügte. Dazu gehörte ein stark entwickeltes Machtbewußtsein, das auf der besonderen Stellung des geistlichen Amtes gegenüber weltlicher Macht zu bestehen wußte. Der Erzbischof verbrachte viel Zeit am Hofe des Königs und er begleitete den König und Kaiser auf zahlreichen Heerfahrten bis nach Italien und Ungarn. Er war dem Kaiser ein geschätzter Berater, der sich auf den Umgang mit Freunden und Gegnern im aristokratischen Milieu verstand. Diese aristokratischen Umgangsformen wußte der Erzbischof auch im eigenen Interesse zu nutzen. Adalbert befand sich in einer scharfen Auseinandersetzung mit dem Dänenkönig. Dieser hatte eine Cousine geheiratet, die ihm nach kanonischen Heiratsvorschriften allzu nahe verwandt war. Als Erzbischof für den Norden fühlte sich Adalbert für den Lebenswandel des Königs zuständig. Doch ließ die politische Entwicklung in Norwegen einen Wechsel dieser strikten Linie geraten erscheinen. Der norwegische König hatte Bischöfe seines Landes in England und in Frankreich weihen lassen und den Protest des Hamburger Erzbischofs gegen dieses Übergehen seiner Zuständigkeit in scharfer Form zurückgewiesen. Angesichts dieser Lage erschien es dem Erzbischof opportun, die Zahl seiner Gegner im Norden zu verringern und mit dem Dänenkönig wieder zu einer Einigung zu kommen. Dazu traf er sich mit ihm in Schleswig und ließ ihm die ganze Prachtentfaltung eines fürstlichen Hofes zuteil werden. Großzügig bedachte Adalbert den Dänenkönig mit Geschenken und versuchte, mit dem Glanz seines Auftrittes den König noch zu übertreffen. Den würdigen Abschluß dieses Treffens bot ein wechselseitig ausgerichtetes, acht Tage währendes Gelage, in dessen Verlauf sich ein sehr weitgehendes Einvernehmen einstellte. Adam stellte fest, daß bei dieser Gelegenheit viele kirchliche Anliegen, auch in bezug auf das Verhältnis zu den Heiden, geklärt worden seien. Der Bischof konnte zufrieden nach Hause reisen, und seine Missionstätigkeit im Norden erhielt in der Folge die Unterstützung des dänischen Königs.

Erzbischof Adalbert von Hamburg-Bremen empfängt den dänischen König 1052/1053
Adam von Bremen,
Gesta Hammaburgensis ecclesiae Pontificum III, 18

Infolge dieser Vorkommnisse in Norwegen bemühte sich der Erzbischof dringend um Verständigung mit dem Dänenkönig, den er erst durch die Scheidung von seiner Base gekränkt hatte. War er sich doch darüber im klaren, daß er für seine weiteren Pläne einen bequemeren Ansatzpunkt finden würde, wenn er sich mit diesem Mann verbünde. Mittels der angenehmen Wirkung seiner Freigiebigkeit gegen jedermann kam es daher bald zu einer Reise nach Schleswig. Hier kam er leicht ins Gespräch, versöhnte sich mit dem stolzen König und suchte in Geschenken und Gelagen mit seiner erzbischöflichen Machtentfaltung die königlichen Reichtümer zu übertreffen.

Der Vorgang hatte durchaus exemplarischen Charakter für den Missionsstil des Erzbischofs Adalbert. Er ließ die Missionare für den Norden zu sich kommen und bewirtete sie in großzügiger Weise. Adam berichtet zwar, daß Erzbischof Adalbert sich eine Zeit lang ernsthaft mit dem Gedanken getragen hätte, seinen Lebensweg mit einer ausgedehnten Reise durch die Länder seines Erzbistums zu beschließen. Er hätte durch Dänemark und Schweden nach Norwegen ziehen wollen, um von dort auf die Orkneys und bis nach Island zu reisen. Denn bis dorthin sei in seiner Amtszeit das Christentum vorgedrungen – gemeint war das hamburgische Christentum. Der dänische König brachte ihn aber von diesem Vorsatz ab, indem er ihn davon überzeugte, daß sich die Barbarenvölker leichter durch Menschen ihrer eigenen Sprache und Lebensart bekehren ließen, als durch Fremde, die ihre Volksbräuche ablehnten (Adam III, 72). Für die Frage nach den Missionsmöglichkeiten und -methoden ist dies sicherlich ein wichtiger Hinweis. Für den Erzbischof war es der Anlaß, seine Freigiebigkeit gegenüber seinen Gästen aus dem Norden noch zu steigern: *So leutselig, so freigiebig, so gastfreundlich, so begierig nach geistlichem und weltlichem Ruhme, daß unser kleines Bremen durch seine Fähigkeit als ein Abbild Roms bekannt und aus allen Ländern der Erde in Demut aufgesucht wurde, besonders von allen Völkern des Nordens. Unter ihnen fanden sich aus weitester Ferne Isländer, Grönländer und Gesandte von den Orkneys ein mit der Bitte um Entsendung von Glaubensboten zu ihnen. Das hat er auch getan.* So faßte Adam die Missionserfolge Adalberts zusammen. Dem dänischen König war das sicherlich nicht unrecht. Denn bei der Frage, wie weit der Hamburgische Erzbischof nach Norden reisen sollte, ging es nicht nur um die effektivste Missionstrategie, sondern auch um seinen tatsächlichen Einfluß in diesem Missionsgebiet. Adalbert bestand auch deshalb so nachdrücklich auf dem Vorrang des Erzbistums Hamburg-Bremen bei der Bekehrung des Nordens, weil dieser Vorrang seit der Mitte des 11.Jahrhunderts zunehmend in Frage gestellt wurde. Insbesondere Dänemark verfügte über eine beachtliche Zahl von Kirchen, Adam von Bremen spricht allein von 300 Kirchen in Schonen – dem Südwesten des heutigen Schweden, das bis in das 17.Jahrhundert zu Dänemark gehörte –, 150 Kirchen in Seeland und 100 Kirchen auf Fünen (IV, 7). Das dänische Christentum hatte ein Jahrhundert nach der Taufe König Harald Blauzahns eine feste Grundlage erhalten. Es erhielt auch eine arbeitsfähige organisatorische Einteilung. Im Jahr 1060 stand die dänische Bistumstruktur weitgehend fest. Dänemark war nun in acht Bistümer unterteilt und blieb es bis zur Reformation: Lund, Schleswig, Ripen, Aarhus, Roskilde, Odense, Viborg und Börglum. Nur eigenständig war diese dänische Kirche noch nicht. Unter König Sven Estridsen (1047–1076) wurde das Bemühen um eine eigenständige nordische Kirche zum ersten Mal mit Nachdruck vorgetragen. Die Initiative richtete sich auf die Struktur der kirchlichen Hierarchie. Hier wird sie in den Quellen faßbar.

Auf die kirchliche Hierarchie bezogen bedeutete eine Emanzipation der nordischen Kirche von der hamburger Autorität die Errichtung eines eigenen Erzbistums für die dänischen Christen, vielleicht sogar eines Erzbistums für den ganzen Norden mit Sitz in Dänemark. Um 1052/53 nahm König Sven erste Verhandlungen mit dem Papst über dieses Anliegen auf. Für den Hamburger Erzbischof hätte diese Abtrennung seine skandinavischen Missionsbereichs eine spürbare Herabstufung bedeutet. Der Status der Hamburger Kirche als Erzbistum basierte im wesentlichen auf den skandinavischen Missionsbistümern, die ihr untergeordnet waren. Verlor der Hamburger Erzbischof diese Zuständigkeit, so verlor er im Grunde auch die Berechtigung für seinen hierarchischen Status, denn ein Erzbischof ohne Suffraganbischöfe war im Grunde überflüssig. Dieser Gefahr wollte Erzbischof Adalbert begegnen und entfaltete dazu eine eigene, zunächst etwas überraschend anmutende Initiative. Sie ist als „Patriarchatsplan" Adalberts in die Geschichte der hamburgischen Kirche eingegangen. Adam von Bremen, unsere einzige Quelle für diesen Plan, berichtet, der Hamburger Erzbischof habe sein Erzbistum zu einem Patriarchat erheben wollen. Zu diesem Zweck hätte er beabsichtigt, eine Reihe neuer Bistümer in seiner Erzdiözese einzurichten. Die hamburger Kirchenprovinz – ohne die bisherigen skandinavischen Bistümer – sollte so unterteilt werden, daß insgesamt zwölf Suffraganbistümer entstanden (Pahlen/Eider, Heiligenstedten, Ratzeburg, Oldenburg, Mecklenburg, Stade, Lesum, Wildeshausen, Bremen, Verden, Ramelsloh Friesland). Nur wenige der ins Auge gefaßten neuen Bischofssitze durften als geeignet gelten, die Mehrzahl waren kleine Ansiedlungen, mit denen der Erzbischof den bevorstehenden Verlust der skandinavischen Bistümer ausgleichen wollte. Für die Erhebung zum Patriarchen wäre Adalbert bereit gewesen, seine Zustimmung zur Einrichtung eines eigenständigen dänischen Erzbistums zu geben.

Das erscheint nicht gerade als ein Entwurf von zwingender Notwendigkeit. Die Kirche hatte immer darauf geachtet, daß Bischofssitze in Städten errichtet wurden, die der Würde des Amtes auch eine gewisse Struktur zur Verfügung stellen konnten. Da konnte man bei manchem der von Adalbert vorgesehenen zukünftigen Bistümer schon Zweifel haben. Doch Horst Fuhrmann konnte zeigen, daß die eigenwillige Neugliederung der hamburgisch-bremischen Kirchenprovinz einer zeitgenössischen Rechtsauffassung entsprach, wonach ein Erzbistum idealerweise 12 Bistümer haben sollte. Adalberts Plan zielte offenbar darauf, für die Zukunft eine ausreichende formale Grundlage zur Bewahrung seines erzbischöflichen Ranges zu haben, die auch dann noch ausreichend war, wenn die skandinavischen Bistümer unter einer eigenen dänischen Kirchenleitung aus seinem Erzbistum herausgelöst würden.

Der „Patriarchatsplan", der seit etwa 1062 von Adalbert verfolgt wurde, ist damit ein interessanter Fingerzeig auf die kirchlich-politische Entwicklung im Norden zu Beginn der zweiten Hälfte des 11. Jahrhunderts. Die skandinavische Kirche emanzipierte sich, und dem hamburger Erzbischof war dies durchaus klar. Sein Plan hatte einen defensiven Charakter in dem beginnenden Konflikt um die kirchliche Vorherrschaft im Norden. Die dänische Kirche und auch das dänische Königtum nahm in der Mitte des elften Jahrhunderts in diesem Prozeß der Organisation christlicher Herrschaft in Skandinavien eine Vorreiterrolle ein und war auch aus der Perspektive des Papsttums, das für die Errichtung eines eigenständigen Erzbistums im Norden zuständig war, am deutlichsten erkennbar. Solange der Erzbischof von Hamburg kirchenrechtlich für die Seelsorge in den nordischen Ländern zuständig blieb, mußten die Päpste jedoch die Könige und die Bischöfe der nordischen Kirchen an diese Zuständigkeit erinnern. Aus diesen Schreiben, die im späteren 11. Jahrhundert wiederholt von Konflikten um die Autorität der hamburger Kirche zeugen, wird die Entwicklung der nordischen Kirche zu einer eigenen Kirchenprovinz ebenso erkennbar wie in Adalberts „Patriarchatsplan".

Adalberts Patriarchatsplan blieb ein Entwurf. Er mochte eine innere Logik haben und auf kirchenrechtlichen Traditionen aufbauen, aber er entbehrte letztlich einer soliden Grundlage. Pahlen an der Eider, Lesum oder Ramelsloh waren aus römischer Sicht keine geeigneten Bischofssitze und dieses Defizit ließ sich auch durch formale Argumente nicht einfach beseitigen. Dazu kam, daß der Erzbischof am Ende seines Lebens durch unglückliches Auftreten, das sogar seinen Biographen Adam irritierte, die Aussichten für die hamburger Anliegen nicht verbesserte: *Sein Auftreten hatte sich immer von der üblichen Haltung anderer Menschen unterschieden, aber vor seinem Ende wirkte es dämonisch und unerträglich.* So scheiterte Adalberts Plan, aber auch die dänischen Könige erreichten das Ziel eines eigenen Erzbistums noch nicht. Am 2. Februar 1073 ernannte Papst Alexander II. Adalberts Nachfolger zum Erzbischof von Hamburg und Bremen und zum Missionslegaten für den Norden mit der Zuständigkeit für Dänemark, Schweden, Norwegen, Island und allen Inseln, die zu diesen Königreichen gehörten. Es war eine Bekräftigung auf Lebenszeit des Erzbischofs und für alle seine Nachfolger. Tatsächlich dauerte es noch eine Generation, bis der Wunsch der nordischen Kirche auf ein eigenes Erzbistum Wirklichkeit wurde.

Das Papsttum und der Norden

Das Bemühen um eine eigene kirchliche Autorität im Norden, die dem Hamburger Erzbistum und der Reichskirche nicht mehr unterstellt wäre, profitierte am Ende des 11.Jahrhunderts von einer Entwicklung, die das politische Geschehen Mitteleuropas und die Konflikte in der Kirche deutlich veränderte. Mit Skandinavien hatte diese Entwicklung zunächst gar nichts zu tun. Das Papsttum trat als eine neue Kraft auf die europäische Bühne. Energisch und erfolgreich beanspruchten die Päpste zunächst die Führungsrolle innerhalb der Kirche, aber schon bald gingen sie dazu über, durch eine deutliche Abgrenzung der Kirche vom weltlichen Milieu der Laien insgesamt eine Führungsrolle in den Ordnungsvorstellungen des Abendlandes zu beanspruchen. Denn es blieb nicht dabei, daß die entschiedensten Vertreter einer Reform der Kirche im späteren 11.Jahrhundert die Abgrenzung von geistlichen und weltlichen Ämtern verlangten und im Laufe der Zeit auch erreichten. Die Grenzziehung zwischen den Aufgaben der weltlichen Machthaber und denen der Geistlichkeit sollte den Klerus vor den sündhaften Verstrickungen der Machtausübung bewahren. Aus der Sicht der Kirchenreformer gefährdeten die Zwänge der Machtausübung, denen der König und die weltlichen Großen unterworfen waren, die Reinheit der christlichen Lebensführung. Das Schwert war ein Symbol der Herrschaft und mit dem Schwert wurde Blut vergossen. Dazu kamen die dynastischen Zwänge, jenes problematische Lebensgesetz, das nicht nur den Fortbestand der herrschaftlichen, sondern der gesamten weltlichen Sphäre ermöglichte: die Sexualität. Der Klerus sollte sich daraus befreien, der Kampf gegen die Priesterehe war ein zentrales Anliegen der kirchlichen Reformbewegung seit dem elften Jahrhundert. Die Männer an der Macht befleckten sich durch Sexualität und Gewalt.

Ganz anders sahen die führenden Männer der Kirche dagegen die Würde des obersten geistlichen Amtes: *Der römische Papst wird, wenn er rechtmäßig geweiht ist, durch die Verdienste des heiligen Petrus unzweifelhaft heilig.* So formulierte es um 1075 Papst Gregor VII. (Dictatus Papae). Es war allein die Würde seines Amtes, die den Inhaber des päpstlichen Stuhles zum Heiligen werden ließ – da klang sehr deutlich an, daß die geistliche und die weltliche Sphäre nicht gleichberechtigt waren, sondern daß die Geistlichkeit einen höheren Rang einnahm. Die Konflikte zwischen dem Papsttum und den weltlichen Herrschaftsträgern, die seit dem späteren 11. Jahrhundert in der mittelalterlichen europäischen Geschichte immer wieder aufbrachen, kreisten im Kern häufig um die Frage, ob dieser von der Geistlichkeit beanspruchte Vorrang in der christlichen Lebensführung auch eine rechtlich faßbare Überordnung im Herrschaftsgefüge zur Folge hatte: Nahm man nur unterschiedliche Aufgaben wahr, die im Rahmen der göttlichen Weltordnung erforderlich und daher gleichwertig waren (wie es die Könige und Kaiser sahen), oder machte die besondere geistliche Würde des Amtes und seiner Aufgaben den Papst zum obersten Herrn der Christenheit (wie es viele geistliche Theoretiker sahen).

Wenn das neue Papsttum deutlich weiterreichende Ansprüche formulierte als die Päpste der Vergangenheit, dann mußten die Päpste auch ihre Perspektive auf die Christenheit ausweiten. Bei Gregor VII. wird das erkennbar. Unter ihm setzte eine direkte Korrespondenz mit den Königen des Nordens ein. Gregor schrieb den Königen von Dänemark und Norwegen und erstmals gab es eine Kontaktaufnahme mit schwedischen Königen kurz nach 1080. So profitierte die Kirche des Nordens in zweierlei Hinsicht von der Reform des päpstlichen Amtsverständnisses seit dem späten elften Jahrhundert. Zum Einen führte dieses Amtsverständnis zu einer Konfrontation mit dem deutschen Herrscher im Investiturstreit. Da die führenden Männer der Reichskirche einen traditionell engen Kontakt zum Hof des Kaisers pflegten – bei Erzbischof Adalbert von Hamburg-Bremen war diese Nähe zum Hof besonders eng –, standen im Konflikt mit dem Papst viele von ihnen auf der Seite des deutschen Herrschers. So gerieten auch die Bischöfe der Reichskirche in eine Gegenposition zur Kurie, wodurch das Bemühen der skandinavischen Könige und Bischöfe um eine Lösung aus der Hegemonie dieser Reichskirche auf zunehmende päpstliche Unterstützung rechnen konnte. Zum Anderen führte die deutliche Ausweitung des päpstlichen Führungsanspruchs auf die ganze Christenheit dazu, daß die Päpste nun einen direkten Kontakt zu den Christen im Norden und zu ihren Vertretern suchten. Dies war insgesamt eine längerfristige Entwicklung, die im späten 11. Jahrhundert ihren Anfang nahm. Für diese Anfangsphase müssen wir allerdings noch gewisse Einschränkungen vornehmen.

Denn so einleuchtend diese Entwicklung ist, so ist es doch nötig, die nun einsetzende päpstliche Korrespondenz näher zu betrachten. Dabei stellt man schnell fest, daß das Reformpapsttum sich nun stärker für den Norden zuständig fühlte und daß Gregor VII. im Investiturstreit eine Gelegenheit sah, durch den direkten Kontakt mit den christlichen Königen im Norden den Einfluß der hamburgischen Erzbischöfe und der Reichskirche zu schwächen. Doch verfügten die römischen Päpste kaum über andere Möglichkeiten als der Erzbischof von Hamburg. Gregor VII. versicherte dem norwegischen König in einem Brief vom 15. Dezember 1078 zwar, daß ihm die norwegischen Christen am Herzen lägen. Aber schon an der Feststellung, daß sie aus römischer Sicht am Rande der Erde lebten, in *extremo orbis terrarum,* deutet das Problem an. Zwar konnte der Papst erklären, daß er gerne einige Gesandte in diese entlegenen Gegenden schicken würde, um dort den christlichen Glauben nach der Lehre des Evangeliums zu verbreiten, aber er mußte gleichzeitig einräumen, daß die große Entfernung und auch die Unkenntnis der Landessprachen ein solches Unternehmen mit den Mitteln der Kurie nicht zuließen. Er bat daher darum, daß die nordischen Länder einige ihrer adligen Jugendlichen nach Rom schicken möchten, damit ihnen dort unter dem Schutze der Apostel die Lehren des christlichen Glaubens beigebracht würden, die sie später dann in ihrer Heimat verbreiten könnten, wozu sie bei ihrer Kenntnis der Sprache und der Lebensweise ihrer Länder besonders geeignet wären. So war man seit den Anfängen der nordischen Mission, als Ansgar in der Nähe der dänischen Grenze eine Schule zur christlichen Erziehung junger Dänen einrichtete, in der Technik der Kontaktaufnahme und in der Infrastruktur nicht viel weiter gekommen. Zwar trat der päpstliche Anspruch nun neben die des Erzbischofs von Hamburg, aber die Mittel waren weitgehend identisch. Dabei war die Reise nach Rom noch erheblich weiter als die nach Hamburg und auch für erwachsene und hartgesottene Nordmänner ein riskantes Unternehmen. So berichtet etwa das norwegische Königsbuch des bereits zitierten Snorri Sturlusson, daß im Jahre 1102 der Norweger Skopti nach Rom aufbrach. Er fuhr gemeinsam mit zwei Söhnen und seinem Gefolge in insgesamt fünf Schiffen. Im späten Herbst segelten sie von Norwegen nach Flandern und blieben dort den Winter über. Zu Beginn des Frühjahrs segelten sie nach Frankreich, durchquerten die Straße von Gibraltar und im Herbst gelangten sie nach Rom. Dort starb Skopti und schließlich starben auf dieser Reise alle, der Vater und seine Söhne. Das war das Risiko einer solchen Reise, für die es eine Reihe verschiedener Routen gab, die Otto Springer 1950 akribisch zusammengestellt hat. Trotz solcher Gefahren hatte Rom als Stadt des Papstes und der Apostelgräber doch eine stärkere Ausstrahlung als Adalberts Hamburg. Von solchen Orientierungen lebte die Integration, denn trotz der Zunahme der Korrespondenz hatten die Kontakte in der Anfangszeit noch einen sehr punktuellen Charakter.

Skopti geht außer Landes
Snorri Sturlusson, Heimskringla, Die Saga von Magnus dem
Barfüssigen, Kap. 20 (Thule 16)

Skopti Ogmundsson rüstete sich im nächsten Frühjahr außer
Landes zu fahren. Er hatte fünf Kriegsschiffe, alle wohlbemannt. Zu dieser Fahrt machten sich fertig mit ihm seine
Söhne Ogmund, Finn und Thord. Sie fuhren ziemlich spät ab
und segelten im Herbst nach Flandern, wo sie den Winter
über verblieben. Zeitig im Frühjahr segelten sie dann nach
Frankreich und im Sommer weiter aufs Meer bis zur Straße
von Gibraltar, im Herbst endlich nach Rom. Da starb Skopti.
Alle, Vater wie Söhne starben auf dieser Fahrt. Thord lebte am
längsten von ihnen. Er starb auf Sizilien. Die Leute erzählen,
Skopti habe zuerst von den Norwegern die Straße von Gibraltar durchsegelt, und diese Fahrt wurde weitberühmt.

Eine weitere Einschränkung ist nötig. Die entstehenden kirchlichen Strukturen dürfen nicht darüber hinwegtäuschen, daß die
zunehmende Reisetätigkeit der Skandinavier nach Rom Interesse und Wertschätzung ausdrückte, die am Zielort nicht sogleich
zu einem stärkeren Gegeninteresse führte. Manche der neuen
christlichen Brüder und Schwestern waren sehr weit entfernt. An
den Geschicken Islands etwa entwickelten die Päpste kein dringliches Interesse. Zu etwa der Zeit, in der der isländische Priester
Ari sich so nachhaltig bemühte, die Vorgänge auf seiner Insel in
die christliche Chronologie und Geschichte einzuordnen, verfaßte der Engländer William von Malmesbury im Rahmen seiner
Gesta Regum Anglorum einen Bericht vom Konzil von Clermont
(1098), auf dem Papst Urban II. zum ersten Kreuzzug aufgerufen
hatte. William gibt die Predigt des Papstes wieder und läßt
Urban mit Blick auf die Christen des Nordens sagen: *... all diese
barbarischen Völker, die auf entlegenen Inseln den eisigen Ozean
bewohnen, die dort leben wie wilde Tiere, – wer könnte sie Christen nennen?* Ari wäre erblaßt, und wir sollten diese Einlassung
zum Anlaß nehmen uns daran zu erinnern, daß die Integration
noch viel Raum für Fremdheiten ließ. Doch für die Christen des

Nordens war es nicht das erste Ziel, im südlicheren Europa angemessen wahrgenommen zu werden, sondern vor Ort ihre Bedürfnisse in eigener Verantwortung regeln zu können. So fremd man sich am Ende des elften Jahrhunderts noch immer war – was angesichts der Entfernungen und unterschiedlichen Lebensumstände auch nicht verwundern muß – so hatten doch die Entwicklungen der nordischen Kirche und des Papsttums als zuständiger Instanz in den letzten Jahrzehnten vor 1100 den Boden für die Errichtung eines ersten nordischen Erzbistums bereitet. Zu Beginn des 12. Jahrhunderts war es soweit.

Nordische Emanzipation und europäische Problemlagen: Der Aufbau eigenständiger Kirchenstrukturen und christlicher Herrschaft im 12. Jahrhundert

Grundzüge

Das zwölfte Jahrhundert war in der Geschichte der Integration des Nordens eine grundlegende Zeit. Am Beginn stand die kirchliche Emanzipation durch die Errichtung des Erzbistums Lund. An seinem Ende erhoben sich in Bischofsstädten wie Ribe und Roskilde bereits weit fortgeschrittene Kirchenbauten, die die Bischöfe dieser Städte gemeinsam mit deren Bürgern nach Vorbildern in Köln und in Frankreich errichten ließen. Hier waren nun die Entwicklungen der Architekturtechnik und des Kunstverständnisses zu erkennen, die dem europäischen Sakralbau sein markantes Gesicht verliehen. Dieser Anschluß an die europäische Architekturentwicklung vollzog sich auf hohem Niveau – wie noch heute jeder Besucher erkennen kann. Er verlangte einige Anstrengung und als Voraussetzung eine kirchliche Struktur, die die enormen Kosten und die Organisation solcher Bauprojekte zu tragen vermochte.

Dies ist aus der Perspektive historischer Betrachtung der erste Befund: das Material nimmt zu. Diese Feststellung gilt für den Norden, wo zu Beginn des 12. Jahrhunderts mit dem Buch des Isländers Ari die Geschichtsschreibung einsetzte. Aber diese Feststellung gilt auch in Hinblick auf das übrige Europa: die Zahl der Texte nahm zu, und in diesen Texten erkennen wir im Laufe des 12. Jahrhunderts, daß die Konflikte, daß die Dynamik zunahm. Vielleicht sollten wir damit beginnen, daß die Zahl der Menschen anstieg. Man geht davon aus, daß es in Europa um 1100 ca. 48 Millionen Menschen gab. Deren Zahl wuchs bis 1200 auf ca. 61 Millionen an, wobei der größte Teil dieser Zunahme in der zweiten Hälfte des 12. Jahrhunderts, also nach 1150 zu verzeichnen ist. Begonnen hatte diese Entwicklung schon in der Mitte des 11. Jahrhunderts, als die Wikingerzüge zu Ende gingen. Die Mediävistik spricht von einem Aufbruch, einem ‚take-off‘ des europäischen Westen. Aus der Sicht des Nordens erschien Westeuropa bislang vornehmlich als Vorreiter einer Entwicklung, der sich dann die skandinavischen Länder anschlossen. Man sollte indes nicht zu hohe Erwartungen von dem Zustand des Abendlandes gegen Ende des 11. Jahrhunderts haben. Der französische Mediävist Jaques Le Goff hat dies sehr deutlich formuliert, als er den europäischen Westen im Vergleich mit der damaligen byzantinischen Kultur als „ungehobelten äußersten Vorposten der zivilisierten Welt" bezeichnete. Diese ungehobelte Welt kam im Laufe des 12. Jahrhunderts in Bewegung.

Das höfische Milieu der Ritter entstand, das Milieu der Reiter, die auf dem Teppich von Bayeux farbenprächtig dargestellt sind und deren Abenteuer in der Literatur dieser Epoche erzählt wurden. Es war ein länderübergreifendes Milieu. Das 12. Jahrhundert war auch das Jahrhundert der Kreuzzüge, dieser eigentümlichen Symbiose aus Frömmigkeit und ritterlicher Kampfeslust. Am 15. Juli 1099 eroberten die Ritter des ersten Kreuzzuges Jerusalem und richteten dort ein Blutbad an. Sie regierten die Stadt etwa 90 Jahre lang, bis Saladin sie am 2. Oktober 1187 zurückeroberte. Der Erfolg des Sultans mobilisierte noch einmal die verschiedenen europäischen Könige, Philipp von Frankreich, Richard Löwenherz und Friedrich Barbarossa zu einem Kreuzzug. Barbarossa ertrank auf dem Zug ins Heilige Land am 10. Juni 1190 im Saleph. Die anderen Teilnehmer zerstritten sich heftig, und um 1192 ging der letzte Zug ins Heilige Land zu Ende. Die Faszination der Kreuzzüge hatte ihre praktischen Erfolge immer übertroffen, aber sie war immerhin soweit gedrungen, daß auch Gruppen von Kriegern aus Dänemark und Norwegen an diesen Expeditionen teilnahmen. Nach dem Bericht Alberts von Aachen, eines der Chronisten des ersten Kreuzzuges, soll der Bruder des dänischen Königs mit zwei Bischöfen und 1500 Mann dem Aufruf zum ersten Kreuzzug gefolgt sei. Doch habe er das Kreuzfahrerheer am vereinbarten Ausgangspunkt bei Byzanz nicht mehr angetroffen und sei allein losgezogen. Auf dem Weg sei er mit allen seinen Leuten getötet worden. Im 12. Jahrhundert erlangten die Städte in Italien und in Flandern eine eigenständige wirtschaftliche und politische Bedeutung. Im Norden Europas gab es ein solches städtisches Milieu nicht, aber Städte, die in der Zukunft eine bedeutende Rolle spielen sollten, entstanden in diesen Jahren. Für uns ist dabei die Gründung Lübecks von besonderer Bedeutung, das auch nach den neueren Forschungen von Anfang an der Kopf des Handelsbundes war, der sich in den nächsten 125 Jahren zur deutschen Hanse entwickelte. Die Handelsstadt Schleswig, die gegenüber dem alten Haithabu an der Schlei lag, hatte im 11. Jahrhundert deutlich an Bedeutung verloren. Sie war in einem Grenzvertrag zwischen dem Kaiser und dem dänischen König 1035 an Dänemark abgetreten worden. Im Norden des Reiches bestand Interesse und auch ein Bedarf an einem Handelsplatz, denn um die Mitte des 12. Jahrhunderts kam es auf Initiative des Grafen von Holstein und des Herzogs von Sachsen, Heinrichs des Löwen, zu wiederholten Gründungsversuchen eines Handelsplatzes an der Trave. Dabei erschwerte die Konkurrenz des Grafen und des Herzogs um die Rechte an dem Markt die Anfänge des neuen Handelsplatzes. Eine erste Ansiedlung brannte offenbar 1157 ab. Danach gelang es Herzog Heinrich dem Löwen, rechtliche Ansprüche zu klären, und 1157/58 wurde Lübeck noch einmal gegründet. Die Slawenchronik Helmolds von Bosau, etwa 20 Jahre nach dem Ereignis verfaßt, berichtet dazu: *Der Herzog schickte Boten in die Städte und Staaten des Nordens, nach Dänemark, Schweden, Norwegen und Rußland, bot ihnen Frieden, freien Zugang und Durchzug durch seine Stadt Lübeck. Er gründete dort eine Münze und einen Zoll und bewilligte der Stadt die wichtigsten Privilegien. Seitdem nahm die Geschäftigkeit der Stadt immer mehr zu und die Einwohnerzahl erhöhte sich in großem Maße.*

Für den Herzog bot ein florierender Handel in seinem Herrschaftsbereich die Möglichkeit, von Zöllen und Abgaben zu profitieren, und sein Hof erhielt durch einen erfolgreichen Marktort die Möglichkeit, an zahlreiche Waren erheblich einfacher zu gelangen. Für die Händler lag Lübeck offenbar in einem interessanten Handelsgebiet. Der zentrale Drehpunkt dieses Handels

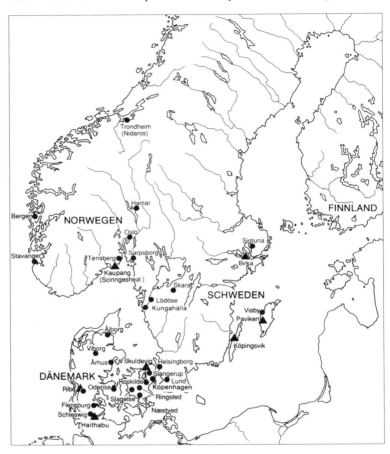

Skandinavien im Mittelalter. Aus: Wikinger. Waräger. Normannen.
Ausstellungskatalog des Museums für Vor- und Frühgeschichte Berlin, 1992,
S. 130.

wurde die Insel Gotland mit der Handelsstadt Visby. Aus dem
Zusammenschluß derjenigen Händler, die nach Gotland zum
Handel fuhren, wurde im späten 13. Jahrhundert die Hanse.
Diese Bezeichnung erscheint erstmals im Zusammenhang mit
der Londoner Niederlassung dieser Kaufleute im Jahr 1282. In
der mittelalterlichen, aber auch in der neueren Geschichte des
Reiches nimmt Lübeck einen besonderen Platz ein. Die Stadt lag

politisch am Rande des Reiches, konnte von seinem Schutz
kaum profitieren – 50 Jahre nach ihrer Gründung kam sie vor-
übergehend unter dänische Herrschaft. Nach seinem Herrschaftsantritt 1273 bat König Rudolf von Habsburg den norwegischen König, den Schutz dieser Stadt zu übernehmen, da er
selber ihn nicht bieten konnte. Die Lübecker wußten sich allerdings schon bald selbst zu helfen, und so zuverlässig sie ihre
Steuern zahlten, so wenig hatten sie mit dem deutschen Herrscher zu tun. Die Stadt wurde im 13. Jahrhundert stark genug, im
Norden eine eigene Politik zu verfolgen. Wir werden darauf
zurückkommen.

So beeindruckend diese Lübecker Geschichte ist, und insbesondere so beindruckend sie im fortschreitenden 13. Jahrhundert
wird, so nüchtern müssen wir uns doch klarmachen, daß dieser
städtische Erfolg im Norden noch eine Ausnahme war. Die jüngere archäologische Forschung in Skandinavien geht davon aus,
daß Städte eine charakteristische Erscheinung in der skandinavischen Gesellschaft des 12. Jahrhunderts waren. Die Archäologen sprechen in Hinblick auf das späte 11. und das 12. Jahrhundert von einer „Urbanisierung" des Nordens. In diesem Prozeß
seien 25 bis 30 Städte entstanden, die als wichtige Zentren für
die Verwaltung des Königtums und der skandinavischen Bistümer gedient haben sollen. Dieser Urbanisierungsvorgang sei eng
verbunden mit der Konsolidierung der Königsherrschaften in
den drei nordischen Königreichen. Eine gewisse Zurückhaltung
ist gegenüber einer solchen Einschätzung sicher angebracht. Beginnen wir mit dem Stadt-Begriff. In der älteren Literatur verstand man darunter eine menschliche Ansiedlung, die deutlich
vom Umland getrennt war, und die häufig auch einen eigenen
Rechtsstatus hatte. Über solche Städte sprechen wir, wenn wir
von Paris, Mailand oder Bologna im 12. Jahrhundert sprechen.
Die jüngere Forschung hat diesen Begriff zunehmend sozialge-
schichtlich gefaßt (Siedlungsform, Handel etc.). Ein eigener
Rechtsstatus ist keine Voraussetzung mehr – und er ließe sich im
Falle dieser allein archäologisch überlieferten Siedlungen auch
nicht feststellen. Dazu benötigen wir Privilegienbriefe und eine
schriftliche Überlieferung. Die haben wir nicht und insofern
bleibt die konkrete Funktion solcher Ansiedlungen für das Kö-

nigtum oder die nordischen Bischöfe weitgehend unbestimmt.
Die neue Begrifflichkeit der Forschung hat sicherlich den Vorzug, daß sie auf die konkrete Lebenserfahrung und das soziale Umfeld der Menschen in diesen Siedlungen des 12. Jahrhunderts stärker eingeht – aber diese Städte werden dadurch nicht größer. Vielleicht waren diese Ansiedlungen in der Realität des dänischen 12. Jahrhunderts ‚Städte‘, aber diese Begrifflichkeit evoziert dann eine fragwürdige Vorstellung, wenn wir auch im Falle von Mailand, Brügge oder Lübeck von ‚Städten‘ sprechen. Es gab einen deutlichen Größenunterschied, und es ist hilfreich, im Kopf zu behalten, daß die mit Abstand größten skandinavischen Städte um 1300 (also auf dem mittelalterlichen Bevölkerungshöhepunkt vor den Pestjahren), Stockholm und Bergen, etwa 7000 Einwohner hatten. Zu dieser Zeit rechnet man für Florenz mit der zehnfachen Einwohnerzahl. Auch für Lübeck nimmt man bereits an die 40000 Einwohner an. Die meisten der sogenannten skandinavischen ‚towns‘ hatten weniger als 1000 Einwohner – nur fünf schwedische Städte haben diese Zahl in der hier untersuchten Zeit übertroffen. Wenn die neuere Forschung also von einem Netz von Städten spricht, dann geht es im wesentlichen um Siedlungen der Größenordnung unter 1000 Einwohnern. Im Norden Europas war das 12. Jahrhundert noch kein Jahrhundert der Städte, hier erlebte die städtische Lebens- und Erfahrungswelt ihre Zeit erst im 13. Jahrhundert. Allerdings entfaltete das entstehende städtische Milieu des späteren 12. Jahrhunderts außerhalb der Landesgrenzen mit seinem sozialen Leben und mit seinen Bildungsmöglichkeiten seine Faszination und Anziehungskraft auf die Skandinavier, die es sich leisten konnten. Wir werden am Ende dieses Kapitels auf die Studienaufenthalte der jungen dänischen Adligen zu sprechen kommen, die es nach Paris zog, das um 1200 zu einer westeuropäischen Metropole wurde. Noch immer war dies kein dichtes Netz von Kontakten, aber das Spektrum dieser Verbindungen weitete sich im Verlauf des 12. Jahrhunderts spürbar aus.

Wie die Dynamik des 12. Jahrhunderts neue Kräfte hervorbrachte, die auf ihrem Wirkungsfeld eine Aktivität von europäischer Dimension entfalteten, die auch die nördlichen Länder einbezog, das sehen wir auch an einer Erscheinung, die dem

12. Jahrhundert einen charakteristischen Zug verliehen hat. Die Rede ist von einer religösen Erscheinung, deren Strenge und deren Erfolg unser Bild von dieser Zeit in hohem Maße prägt und die ihre Zentren abseits der Städte hatte. Die Rede ist von den Zisterziensern. Die Zisterzienser gehörten einer Bewegung an, die im Jahre 1098 in Burgund von Robert von Molesmes ins Leben gerufen worden war und sich als eine radikale Erneuerung des benediktinischen Mönchtums verstand. Das Ziel dieser Mönche war das Leben in der Abgeschiedenheit. Es war ein asketisches Ideal und gleichzeitig auch ein aristokratisches Ideal. Die Zisterzienser waren im Ideal ihrer abgeschiedenen Armut und in ihrem Personal ein aristokratischer Orden. Ihre Geschichte im 12. Jahrhundert ist die Geschichte eines enormen Erfolges. Allein die Zahlen zeigen dies. Von den bescheidenen Anfängen in Burgund um 1100 hatte es der Orden in der Mitte des Jahrhunderts auf etwa 328 Abteien gebracht (im Jahr 1153). Am Ende des Jahrhunderts zählte der Orden sogar 525 Abteien. Auch in den skandinavischen Ländern wurden im 12. Jahrhundert ungefähr 12 Zisterzienserklöster gegründet. Schon in der Mitte des Jahrhunderts gab es zwei Zisterzienserklöster im Süden Norwegens und sogar fünf in Schweden, eines davon auf Gotland. Die Zisterzinser waren ein zentralistischer Orden. Die Leitung des Ordens, das zisterziensische Generalkapitel, zu dem sich in dreijährigem Abstand alle Äbte des Ordens einzufinden hatten, sorgte für ein einheitliches Erscheinungsbild der einzelnen Klöster bis hin zu ihrer Architektur. Insofern lassen sich die Zisterzienserklöster im Norden auch als Vermittler westeuropäischer religiöser Ordnungsvorstellungen verstehen, denn die Zentrale des Ordens lag bei den vier burgundischen Mutterklöstern der ersten Gründungswelle. Wir dürfen damit keine überzogenen Erwartungen an kulturelle Transmissionen verbinden, aber wenn wir uns vergegenwärtigen, welche Bedeutung in diesem zentralistisch organisierten Orden die Disziplinierung durch schriftliche Normierung hatte, so können wir doch annehmen, daß diese Klöster auch zu einer geistlichen Schriftlichkeit beitrugen, die am Ende des Jahrhunderts in der Geschichtschreibung in Dänemark und Norwegen sichtbar Einzug hielt. Dazu kam, daß die Bischöfe, die die nun einigermaßen fest etablierten Bi-

stümer im Norden innehatten, bis in die Mitte des 12. Jahrhunderts offenbar vornehmlich aus England und aus dem Reich kamen. Diese Bischöfe werden, nachdem sie ihre Bistümer tatsächlich aufgesucht hatten, in ihrer internen Organisation jene Techniken eingeführt haben, die sie aus ihrer Heimat kannten – soweit dies mit den örtlichen Gegebenheiten möglich war. Im 12. Jahrhundert wurde dies zunehmend möglich. Es entstanden durch diese kirchlichen und klösterlichen Kontakte noch lange keine verbindenden Strukturen, aber es entstanden doch Ansatzpunkte, etablierte Orientierungspunkte, an die sich etwa die Kurie halten konnte, wenn sie in Hinblick auf den noch weitgehend unbekannten Norden ein Anliegen hatte oder wenn sie ein Anliegen verfolgen wollte, daß ihr aus dem Norden vorgetragen worden war.

Die kirchliche Emanzipation des Nordens

Die kirchliche Emanzipation des Nordens ist in der Entwicklung der Bistumsstrukturen erkennbar. Das war ein eher technisch-administrativer Vorgang, aber darum ging es: um ein eigenständiges Gewicht innerhalb einer kirchlichen Verwaltungsordnung. Das eigentliche kirchliche Leben der christlichen Gemeinden, ihre Dynamik und ihr sozialer Einfluß sind für uns nur in diesen nüchternen Auswirkungen zu ermessen. Die Strukturen setzten ein christliches Leben voraus. Daher sind sie ein aussagekräftiger Hinweis auf den Stand der kirchlichen Emanzipation, wenn wir darunter die Loslösung von der hamburgischen Kirchenhoheit verstehen. Bislang war der skandinavische Norden Europas formal ein Missionsgebiet, das für seine seelsorgerische Betreuung keine eigenständige Institution hatte. Die Bischöfe wurden duch den Erzbischof in Hamburg eingesetzt und dieser Zustand wurde im Norden zunehmend als unerträgliche Bevormundung empfunden. Ein eigenes Erzbistum war daher ein wichtiges Ziel für die nordischen Länder. Ein eigenes Erzbistum bedeutete eine eigenverantwortliche Kirchenhoheit – im Rahmen der Möglichkeiten einer zunehmend päpstlich-zentralistischen Kirchenstruktur. Insofern war ein solches eigenes Erzbistum ein Ziel für alle drei skandinavischen Königreiche. Aus römischer Sicht konnte ein solches Anliegen dann gewährt werden, wenn die Entwicklung des kirchlichen Lebens in den jeweiligen Ländern weit genug fortgeschritten war, um eine solche Eigenverantwortung zu übertragen. War dies der Fall, dann entsprach es durchaus der päpstlichen Politik, die Grenzen der Kirchenprovinzen mit den politischen Grenzen in Einklang zu bringen. Dies war ein zentrales Thema der kirchlichen Entwicklung des 12. Jahrhunderts im Norden. Es war ein durchaus konfliktträchtiges Thema, nicht nur gegenüber den Erzbischöfen von Hamburg-Bremen, sondern auch unter den nordischen Kirchen, denn deren Interessen waren keineswegs identisch. Die Könige von Dänemark, Norwegen und Schweden waren jeweils an einem eigenen Erzbistum interessiert. Die Frage war, ob sie die Kurie oder einen päpstlichen Gesandten mit entsprechenden Vollmachten davon überzeugen konnten, daß das Christentum in ihren Königreichen auf hinreichend festen Boden stand, um die weitere Entwicklung in eigener Verantwortung zu betreuen. Dies war das Thema der inneren Differenzierung der nordischen Kirche. Daß die Frage der inneren Gliederung der skandinavischen Christenheit nun zu einem drängenden Problem wurde, zeigt, wie weit deren Entwicklung vorangeschritten war. Es war nicht zu übersehen, daß das Selbstbewußtsein der nordischen Königtümer die Hegemonie des Erzbischofs von Hamburg-Bremen nicht mehr hinnehmen mochte.

Doch bedeutete das Ende dieser Hegemonie für die Kirchen in Norwegen und Schweden noch keineswegs den Beginn der Eigenständigkeit. Denn an die Stelle des hamburgischen Bischofs trat nun ein dänischer Erzbischof. Damit trug die neue Kirchenorganisation der Vormachtstellung der dänischen Könige Rechnung, die immer wieder ihren Einfluß auf die Geschicke des norwegischen Königtums ausgedehnt hatten und die im Süden des heutigen Schweden, in Schonen, eine feste Machtbasis besaßen. Dort in Schonen, wo es nach dem Bericht des Adam von Bremen 300 christliche Kirchen geben sollte, fand das erste Erzbistum des Nordens seinen Sitz. Kurz nach 1100 wurde die Bischofsstadt Lund zum Sitz eines Erzbischofs erhoben, der künftig als Metropolit der ganzen nordischen Kirche vorstand.

Dom zu Lund, Westfassade.
Ca. 1102–1145 nach norditalienisch-rheinischen Vorbildern erbaut.
An der Errichtung des Domes wirkten lombardische Bauleute mit,
die bereits in Speyer gearbeitet hatten.
Bildarchiv: Foto Marburg.

Die unmittelbare Vorgeschichte und der genaue Umfang des neuen Erzbistums sind nicht mehr eindeutig zu bestimmen. Doch erscheint aus den fundierten Rekonstruktionsbemühungen Wolfgang Seegrüns soviel deutlich: Der dänische König Erik Ejegod (1095–1103) suchte in einem Konflikt mit dem Erzbischof von Hamburg-Bremen, dessen Ursachen nicht mehr erkennbar sind, die Unterstützung des Papstes. Zu diesem Zweck reiste er 1095/96 nach Rom. Dort brachte der dänische König auch den Wunsch nach einem eigenen Erzbistum für den Norden vor und fand dafür päpstliches Gehör. Zu weiteren Verhandlungen kam ein Legat 1102/1103 nach Dänemark. Die Sondierungen hinsichtlich der Voraussetzungen für die Errichtung eines Erzbistums und wohl auch hinsichtlich der Person des künftigen Erzbischofs, des Bischofs Asker von Lund (1089–1137) verliefen offenbar positiv. König Erik machte sich auf den Weg zu einer Pilgerfahrt ins heilige Land, auf der er im Juli 1103 auf Zypern starb. Die Errichtung des Erzbistums Lund aber wurde durch seinen Tod nicht mehr gefährdet. Am 8. Mai 1104 sprach ein päpstliches Schreiben an die dänischen Bischöfe von einem Erzbischof von Lund. Zu diesem Zeitpunkt existierte das Erzbistum also schon. Die eigentliche päpstliche Ernennungsurkunde ist nicht erhalten. Sie ist am Ende des 13. Jahrhunderts verbrannt, aber wir können doch in etwa erkennen, daß im Jahre 1103 mit der Genehmigung des apostolischen Stuhles in Lund ein Erzbistum für den Norden errichtet wurde. Für den Norden bedeutete, daß das neue Erzbistum nicht nur zum Metropolitansitz für Dänemark wurde, sondern daß ihm auch die Kirchen von Norwegen, Schweden und Island unterstehen sollten. Das erste dänische Geschichtswerk, die Chronik von Roskilde, etwa 50 Jahre nach der Errichtung des Erzbistums verfaßt, spricht von Asker als dem ersten Erzbischof von Dänemark, Schweden und Norwegen (*Iste primus archiepiscopus in Dania et in Swethia et in Norwegia extitit ...*). Der isländische Dichter Markus Skeggjason, der 1104 ein Lied auf den gerade verstorbenen Könik Erik dichtete, sprach darin von einem Erzstuhl in Lund für alle Menschen, die mit nordischer/skandinavischer Sprache (*dansk tunga*) sprachen. In der Errichtung des Erzbistums Lund erhielt der Norden zu Beginn des zwölften Jahrhunderts seine kirchliche Eigenstän-

digkeit. Das war zum Einen die Anerkennung deutlicher Fortschritte in der Christianisierung der nordischen Länder. Es war
zum Anderen auch die Delegation eines Auftrages, den bislang
der Erzbischof von Hamburg-Bremen wahrgenommen hatte, an
den dänischen Erzbischof. Ein Auftrag zum weiteren Ausbau der
kirchlichen Organisation als Grundlage einer soliden christlichen Kultur. Daß die Erzbischöfe von Lund diesen Auftrag
selbstbewußt annahmen, läßt noch heute ihr eindrucksvoller ro-
manischer Kirchenbau erkennen, der um 1145 geweiht wurde. Es
war ein Kirchenbau auf der Höhe der Zeit. Die Erzbischöfe von
Lund bewiesen damit nicht nur ihren Sinn für Architektur, sondern sie stellten damit auch unter Beweis, daß ihre Diözese in
der Lage war, einen solchen Bau erfolgreich zu organisieren und
zu finanzieren. Dazu bedurfte es einer funktionierenden Kirchenstruktur. Die dänische Kirche blieb zunächst die treibende
Kraft. Allein die Zahlen sind ein ausdrucksvoller Beleg: Im
Laufe des 12. Jahrhunderts verdoppelte sich die Zahl der dänischen Pfarreien von 1000 auf 2000. Es entstanden solide Kirchenbauten, die große Mehrzahl (90 %) der heute noch in Dänemark benutzten Steinkirchen stammen aus dem 12. Jahrhundert.
Die Kirchen in Norwegen und Schweden waren weiterhin vom
Erzbistum Lund abhängig und blieben es bis zur Mitte des
zwölften Jahrhunderts. Doch auch sie waren in Bewegung. In
Norwegen entstanden zwischen 1100 und 1200 an die 900 Holz-
kirchen. Allerdings waren diese Kirchen nicht alle Pfarrkirchen
einer Gemeinde, sondern viele von ihnen waren in privater Initiative mit den eigenen Mitteln der Gründer und in der Regel
auf privatem Grund und Boden errichtet worden. In der kir-
chengeschichtlichen Forschung nennt man solche Kirchen, die
meist von den Mächtigen des Landes, die über ausreichende Mittel verfügten, gegründet wurden, Eigenkirchen. Die Ausstattung
und der Erhalt dieser privaten Kirchen gab den Eigentümern
traditionell das Recht, auch den Geistlichen für diese Kirche zu
berufen, oder ein Familienmitglied mit der Aufgabe zu betrauen.
Der Grundherr und Kirchenstifter erhielt auf diese Weise das
Patronatsrecht über ‚seine' Kirche. Diese Form der Kirchenherrschaft auf lokaler Ebene fand in dem Patronat, den die Könige
über die von ihnen gestifteten Kirchen ausübten, eine höherran-

Kirche von Kinn in Norwegen, Bistum Bergen, 12. Jh.
Foto: Riksantikvaren, Oslo.

gige Entsprechung. Dieses Eigenkirchenwesen hatte es in unterschiedlichen Ausprägungen in der gesamten Christenheit des früheren Mittelalters gegeben. Doch dieses unmittelbare Einwirkungsrecht von Laien, seien sie Könige oder Mächtige, war im Investiturstreit nachhaltig in Frage gestellt worden. Die kirchliche Reformbewegung hatte in Westeuropa seit dem späten 11. Jahrhundert diese herrschaftlich-geistliche Verquickung attackiert und auf einer deutlichen Trennung und Festlegung der jeweiligen Rechte bestanden. Dies war ein wichtiges Anliegen der Reformer im Investiturstreit gewesen und es muß uns daher kaum verwundern, daß die Bedenken gegen die nordische Praxis der privaten und königlichen Kirchen von den päpstlichen Gesandten im 12. Jahrhundert deutlich zum Ausdruck gebracht wurden. Wir kommen bald darauf zurück, wie die Konfliktpositionen des Investiturstreites mit einer gewissen Verzögerung und Abwandlung auch in den nordischen Ländern Einzug hielten. Wir können aber erkennen, wie groß das Wirkungsfeld für kirchliche Reformer im Norden war. Denn wenn eine bedeutende Zahl der Kirchen entweder aus der Initiative des Königs, der Mächtigen oder auch der zahlreichen Bauerngemeinschaften errichtet und unterhalten wurde, und wenn viele dieser Kirchen und Gemeinden durch die Verkehrsbedingungen des Nordens schwer erreichbar waren, dann wartete auf die Reformer ein gutes Stück Arbeit. Wenn wir uns diese Bedingungen vor Augen halten, dann ist es kaum verwunderlich, daß die kirchenrechtlichen Problemlagen, die aus der engen traditionellen Einbindung der Kirchen in die agrarische Welt des Nordens resultierten, die besondere Form des Eigenkirchenwesens und der laikalen Einflußnahme auf die lokalen Kirchen sowie die Verheiratung der Priester als besondere Form der Einbindung in die Gemeinde ein hartnäckiges Thema von Reformern und Kirchenjuristen waren.

Das Gesetz des Gulathings über die Kirchenaufsicht (Norwegisches Recht), I, 15

Das Gesetz des Gulathings war die Rechtstradition dieser Thingversammlung an der norwegischen Westküste unterhalb der Mündung des Sognefjords. Die Beschlüsse der Versammlung hatten im Westen des Landes Geltung. Sie basierten auf einer mündlichen Überlieferung, die wie in dem hier zitierten Beschluß bis auf die Zeiten Olafs des Heiligen (1016–1030) zurückgingen, die aber wohl erst im späteren 12. Jahrhundert aufgeschrieben wurden. Der hier zitierte Artikel läßt in der alleinigen geistlichen Autorität des Bischofs bereits die Einflüsse der kirchlichen Reformen des 12. Jahrhunderts erkennen.

Nun ist das nächste, daß unser Bischof über die Kirchen verfügen soll, wie Olaf der Heilige dem Bischof Grimkell zugestanden hat auf dem Thing von Moster, und wie wir uns später darüber verständigt haben. Unser Bischof soll nun Priester für alle Kirchen einsetzen, von denen er weiß, daß sie imstande sind, die rechten geistlichen Dienste den Leuten zu leisten ... Nun schafft er sich Haus und Gehege und Freunde, da soll der Bischof ihn nicht aus seiner Stelle nehmen, denn wir sollen unsere Kirchen nicht zum Handelsgeschäft machen. Aber wenn er den Leuten unrechte Fasttage ansetzt oder heilige Zeiten einmal in zwölf Monaten, da soll er dem Bischof büßen dafür mit drei Mark. Und wenn ihm das öfters geschieht, da soll er es wieder büßen mit drei Mark dem Bischof. Aber da hat der Bischof das Recht, ihn von seiner Stelle zu nehmen und einen anderen einzusetzen, der im Stande ist, den Leuten die rechten geistlichen Dinge zu leisten. Und in allen Fällen, wo sie uns falsches angeben oder ein Gebot des Bischofs brechen, das sich auf unser Christentum bezieht, da sollen sie dafür mit Geld dem Bischof büßen, weil wir es abgeschafft haben, daß man sie mit Schlägen in Zucht halten soll. Denn wir verschwägern uns mit ihnen oder lassen sie unsere Söhne unterrichten. Unsere Geistlichen sollen dieselbe Mannheiligkeit haben wie jeder von uns gegenüber einem andern hier im Lande.

Norwegen hatte zu Beginn des 12. Jahrhunderts einen König, der in gemeinsamer Regierung mit seinen beiden Brüdern ein Beispiel christlicher Herrschaft gab: Sigurd den Jerusalemfahrer (1103–1130). Als junger Mann begab er sich im Alter von etwa 18 Jahren auf einen mehrjährigen Kreuzzug (ca.1108–1113), wo er sich mit seinen Leuten bei der Eroberung Sidons bewährte. Sigurds Motive waren nicht ausschließlich frommer Natur. Die Berichte der Teilnehmer an Skopti Ogmundssons Fahrt ins Mittelmeer (s.o.) von den Aussichten auf reiche Beute waren wohl ein Anreiz für die Unternehmung gewesen. Doch unterschied sich Sigurd hierin kaum von vielen Kreuzfahrern. Auch der legendenhafte Bericht, daß Sigurd in Jerusalem einen Splitter des wahren Kreuzes erhalten habe und sich im Gegenzug zur Errichtung eines eigenen norwegischen Erzbistums verpflichtet hätte, ist wohl eine nachträgliche Konstruktion. Aber die Motive des Königs waren für die weitere Entwicklung weniger wichtig, die

Stabkirche von Borgund/Norwegen (2. Hälfte 12. Jahrhundert).
Photo: AKG Berlin.

wir uns auch ohne die Kräfte fragwürdiger Reliquien erklären
können. Auf die Sichtbarkeit der königlichen Handlungen kam
es an. Sigurds Kreuzzug fand Beachtung und sein Einsatz konnte
auch der Kurie nicht verborgen bleiben. Wenn nun ein norwegischer König sich so sichtbar in der Welt der christlichen Ritter
bewegte, die die Kirche gerade für sich entdeckte, wenn auch die
Entwicklung der Gemeinden und Bistümer in seinem Land offenbar vorankam, dann war dies Ausweis genug für den begründeten norwegischen Anspruch auf ein eigenes Erzbistum mit Sitz

Stabkirche von Borgund/Norwegen, Innenansicht.
Photo: AKG Berlin.

in Trondheim. Die nächste päpstliche Sondierung wurde zu
einem Erfolg für die norwegische Kirche.

Im Jahre 1152 erreichte der päpstliche Legat Nikolaus Breakspear Norwegen. Für seine Reise gab es eine Vielzahl von Gründen, die wir hier nicht verfolgen können, ohne die Übersicht zu
gefährden. Wir wollen die Reise hier vornehmlich als das be-

trachten, was sie erkennbar und im Effekt war, als entscheidenden Schritt zur Eigenständigkeit der norwegischen Kirche innerhalb der skandinavischen Kirchenorganisation. Nachdem der Kardinal in Norwegen angelangt war, reiste er etwa ein halbes Jahr lang im Land umher, um dann zu Beginn des Jahre 1153 in Trondheim, nach damaligem Namen *Nidaros,* an der Christuskirche, in der Norwegens heiliger König Olaf begraben war, eine Landessynode abzuhalten. Dabei ging es im wesentlichen um zwei große Themen: eine kirchliche Gesetzgebung für Norwegen und die Einrichtung eines eigenen Erzbistums für das Land. Die Synode erließ eine Reihe von Vorschriften, die das kirchliche Leben und den Status der Kirche im Königreich für die Zukunft festlegen sollten. Die bereits genannten Themen der Kirchenherrschaft von Laien und des Zölibats der Kleriker kamen zur Sprache und der Legat verpflichtete die norwegische Kirche auf eine deutlichere Trennung zwischen geistlichen und weltlichen Befugnissen im kirchlichen Leben. Dabei bewies Nikolaus Geschick und Fingerspitzengefühl, indem er auf manche Besonderheit des kirchlichen Lebens im Norden Rücksicht nahm. So wurden zwar die Geistlichen an der Kathedrale von Trondheim strikt zur Ehelosigkeit verpflichtet, aber als gewöhnliche Pfarrer durften Verheiratete eingesetzt werden, wenn sie Enthaltsamkeit gelobten. Als etwa siebzig Jahre nach dieser Legation Snorri Sturlusson in seiner norwegischen Königsgeschichte über diese Gesandtschaft schrieb, da vermerkte er: *Niemals ist ein Ausländer nach Norwegen gekommen, den alle in gleicher Weise ehrten oder der in gleicher Weise Einfluß auf das ganze Volk hatte wie er.* Besondere Wertschätzung erlangte Nikolaus dadurch, daß er den norwegischen Wunsch nach einem eigenen Erzbistum, und damit nach Loslösung der norwegischen Kirche aus der dänischen Suprematie, verstand. Er errichtete das Erzbistum Trondheim (*Nidaros*), das neben fünf norwegischen Suffraganbistümern auch die Färöer, Hebriden und Orkney-Inseln, Island und Grönland umfaßte. In der Bestätigungsbulle, die am 30. November 1154 in Rom ausgestellt wurde, wurde ausdrücklich vermerkt, daß jeder neuer Erzbischof sein Pallium, den erzbischöflichen Mantel, das Zeichen seiner Würde, persönlich in Rom abholen solle. Zur Stärkung der Rombindung der norwegischen

Kirche trug überdies noch bei, daß Nikolaus nur eine Woche, nachdem diese Bestätigungsbulle ausgefertigt worden war, selber Papst wurde. Er folgte Anastasius IV., der am 3. Dezember 1154 starb. Als Papst nannte sich Nikolaus Hadrian IV. Fünf Jahre blieb er auf dem Stuhle Petri. Als er Norwegen nach Erledigung seines Legationsauftrages 1153 verlassen hatte, da hatte er den Norwegern versichert, daß er immer ihr Freund bleiben wolle. Dieses Versprechen hat er als Papst offenbar gehalten, denn Snorri erzählt, daß die Leute, die damals nach Rom reisten, berichteten, *daß, wenn er auch noch so wichtige Geschäfte mit anderen Männern abzuwickeln hatte, er doch zuerst mit den Norwegern sprach, wenn sie um Gehör bei ihm nachsuchten.* Dieser direkte Zugang blieb den Norwegern nach dem Tode von Nikolaus nicht erhalten. Er war die Folge persönlicher Kontakte, feste Strukturen wurden daraus nicht. In gewisser Weise war dies eine besondere Situation gewesen. Nikolaus war ein Engländer, dadurch hatte er schon durch die Tradition seiner eigenen Kirche eine besondere Bindung zu Norwegen. Es war wohl diese Ausgangslage gewesen, die ihn für die Mission empfahl. Achtzig Jahre zuvor hatte Gregor VII. noch den Mangel an geeigneten Kandidaten für eine solche Mission beklagt. Aber es war nicht nur das persönliche Verständnis dieses Kardinallegaten, das die Einrichtung eines eigenen norwegischen Erzbistums erlaubte. Die Zeit war offenbar reif für eine interne Differenzierung der skandinavischen Kirche. Die Kirchen der Königreiche in Dänemark, Schweden und Norwegen hatten um die Mitte des 12. Jahrhunderts eine so weitgehende innere Eigenständigkeit erlangt, daß die Organisation diesem Entwicklungsstand Rechnung tragen mußte. Das ist zugegebenermaßen eine etwas abstrahierende, die großen Linien betonende Sichtweise, denn in Schweden gab es noch manches Problem zu beseitigen, aber in einer größeren Perspektive ist diese Sichtweise zulässig.

In Schweden kam es zu Verzögerungen. Eigentlich war der Kardinallegat Nikolaus, nachdem er Trondheim zum Erzbistum erhoben hatte, nach Schweden weitergereist, in der Absicht, hier ebenfalls ein eigenes Erzbistum einzurichten. Innerschwedische Rivalitäten verhinderten diesen Schritt zunächst. Im Jahr 1164 war es dann schließlich soweit. Im August des Jahres wurde Uppsala zum Erzbistum erhoben, es erhielt zunächst drei Suffraganbistümer. Allerdings sollte der Erzbischof von Uppsala sein Pallium nicht in Rom empfangen, sondern er erhielt es durch den Erzbischof von Lund, dem er also nicht gänzlich gleichgestellt wurde. Lund erhielt einen Primat über die schwedische Kirche. In dieser organisatorischen Differenzierung erkennen wir eine gewisse Abstufung. Offenbar waren an der Kurie die Vorbehalte hinsichtlich des Entwicklungstandes der schwedischen Kirche nicht ganz ausgeräumt. Doch kannte man dort seit etwa 1120 eine Einteilung Schwedens in Bistümer. Dies geht aus einer kurialen Aufstellung der Kirchenprovinzen und ihrer zugehörigen Bistümer hervor, die heute in der Bibliotheca Laurentiana in Florenz verwahrt wird und daher unter dem Namen „Florenzliste" bekannt ist. Ihre Entstehungszeit läßt sich um 1120 datieren. Die Gliederung und die Interpretation der Liste ist nicht ganz eindeutig, doch lassen sich für das Königreich Schweden fünf Bistümer erkennen. Dies war eine Grundstruktur, die offenbar in den folgenden Jahrzehnten bis 1164 ausgebaut wurde. Ein genaueres Bild läßt die Überlieferung nicht zu, die uns für diese Phase der schwedischen Geschichte auch hinsichtlich der Entwicklung der Königsmacht im Unklaren läßt. Doch mit dem Jahr 1120 beginnt die für uns faßbare Kirchengeschichte Schwedens.

Gleichzeitig mit der Stärkung der Eigenverantwortung in den neuen Erzbistümern des Nordens hatte die Kurie versucht, einige Grundelemente der Reformbewegung in das kirchliche Recht des Nordens aufnehmen zu lassen. Dabei war es vor allem um die Gewährleistung einer möglichst freien Priesterernennung durch die Bischöfe gegangen sowie um die Ansätze zu einer Durchsetzung der reformerischen Vorstellung von der Ehelosigkeit des Klerus. Es war zunächst ein Beginn. Die europäische Kirche hatte unterdessen deutlich an strukturellem und organisatorischem Profil gewonnen. Die markantesten Entwicklungen hatte es auf dem Gebiet der kirchlichen Hierarchie und der kirchlichen Rechtsentwicklung gegeben.

Königsmacht und Kirchenrecht

Ein wesentliches Moment in diesem Prozeß der internen Hierarchisierung der Kirche war der zunehmende Einfluß des kanonischen Rechts. Ein zentrales Datum für die neue Bedeutung dieser kirchlichen Rechtssatzungen war das Jahr 1140. Damals veröffentlichte der Mönch Gratian eine Zusammenstellung von Rechtsurteilen, Rechtssätzen und Entscheidungen, die er aus der Bibel und der biblischen und kirchlichen Tradition (Kirchenväter, Synoden, Päpste) zusammengestellt und thematisch gegliedert hatte. Die Kirche hatte eine lange Tradition, sie hatte in vielen Jahrhunderten immer wieder mit zahlreichen Problemfällen zu tun gehabt und ihre Amtsträger waren dabei nicht immer zu einheitlichen Urteilen gelangt. So war in einer Rechtssammlung mancher Widerspruch zu klären oder zumindest im Hinblick auf die Praxis zu harmonisieren. Dementsprechend hieß die Sammlung *Concordantia discordantium canonum (Harmonisierung voneinander abweichender Rechtssätze)*. Es war kein Gesetzeswerk, das von Amts wegen erlassen wurde und damit Verbindlichkeit erlangte. Es war zunächst ein Schulbuch, eine Sammlung, die für den Unterricht in den italienischen Rechtsschulen eine Grundlage bereitstellen sollte. Diese Rechtsschulen in Italien erlangten im 12. Jahrhundert zunehmenden Einfluß, an erster Stelle ist hier Bologna zu nennen, wo am Ende des 12. Jahrhunderts die verschiedenen Schulen in einer Universität, einem Zusammenschluß von Lehrenden und Lernenden aufgingen. Auch Studenten aus dem Norden kamen hierher, so studierte der Erzbischof von Lund, der das Erzbistum von 1201 bis 1222 innehatte, in Bologna. Gratians Textbuch, später das *Decretum Gratiani*, oder einfach *Decretum*, erlangte allein durch seine Qualität und Praktikabilität schon bald eine solche Verbreitung und dadurch eine solche Autorität, daß es am Ende des Jahrhunderts als normsetzendes Werk des kirchlichen Rechts galt. Diese Bedeutung hatte es zunächst durch seine Rezeption erlangt, und das bedeutete nichts anderes, als daß es für solche schriftlichen Rechtsvereinheitlichungen im Bereich der Kirche einen starken Bedarf gab. Dies war sicher auch eine Folge des reformerischen Schwungs. Denn nachdem die Kirchenreformer erfolgreich für eine deutliche Trennung geistlicher und weltlicher Kompetenzen und für ein besonders anspruchsvolles Verständnis des geistlichen Amtes gestritten hatten, mußten diese Felder juristisch präzisiert werden. Wenn Gregor VII. festgestellt hatte, daß ein Papst aufgrund der Würde seines Amtes allein durch die Wahrnehmung dieses Amtes unzweifelhaft zum Heiligen werde (s. o.) – wenn er ordnungsgemäß zum Papst gewählt worden sei –, dann war es wichtig zu klären, wie eine solche ordentliche Wahl auszusehen hatte. Dies galt etwas abgeschwächt auch für die vielen anderen kirchlichen Ämter, wenn die Geistlichkeit ihrem hohen Anspruch gerecht werden wollte.

Eine Fülle neuer Probleme kam auf die Geistlichkeit zu, die sich bislang in einem etwas diffusen gemeinsamen Milieu mit der vornehmlich aristokratischen Gesellschaft des Abendlandes befunden hatte und die nun die Grenzen klar ziehen wollte. Das geistliche Recht lieferte eine Richtschnur und es war eine einheitliche, schriftlich fixierte Richtschnur. Für die Vereinheitlichung des kirchlichen Lebens im Laufe des zwölften und des dreizehnten Jahrhunderts war dies ein zentrales Moment, und wir erkennen in den Versuchen des Kardinallegaten Nikolaus, in Norwegen und in Schweden den Grundzügen dieses Rechts Geltung zu verschaffen, wie dieser Prozess vor sich gehen konnte.

Die Harmonisierung voneinander abweichender Rechtsvorstellungen war allerdings nur in der gelehrten Theorie ein harmonischer Vorgang. In der Praxis, wo es um die realen Interessen selbstbewußter Menschen ging, konnte der zunehmende Anspruch auf eine Vereinheitlichung zu erheblichen Konflikten führen, wenn die Vertreter abweichender Meinungen sich nicht darüber verständigen konnten, zu wessen Bedingungen die Vereinheitlichung erzielt werden sollte. Die Klärung der Rechtsverhältnisse, und das bedeutet auch: der Machtverhältnisse, war zunächst ein theoretischer Vorgang, der aber auch politische Auswirkungen zeigte.

In besonders markanter Weise können wir das Eindringen der Konfliktpositionen in Norwegen beobachten. Zwar hatte das norwegische Königreich durch den päpstlichen Gesandten Nikolaus Breakspear in der Mitte des 12. Jahrhunderts ein eigenes Erzbistum erhalten, wodurch der Fortschritt der norwegischen

Kirchenentwicklung von der Kurie anerkannt worden war, aber die innere politische Entwicklung Norwegens war seit 1130 im wesentlichen eine Geschichte ständiger Machtkämpfe. Diese inneren Kämpfe dauerten mit Unterbrechungen ein ganzes Jahrhundert, so daß es ein ausgesprochen irreführendes Bild wäre, etwa anhand der Entwicklung der kirchlichen Organisation nun ein allmählich fortschreitendes Zusammenwachsen des Landes anzunehmen. Tatsächlich verlief die innere politische Entwicklung Norwegens keineswegs konform mit der zunehmend eigenständigen kirchlichen Organisation. Als das Erzbistum Lund zum eigenständigen Metropolitansitz für den Norden erhoben wurde, etwa im Jahre 1103, da starb der norwegische König Magnus (Barfuß). Er hatte drei Söhne, die ihm in der Herrschaft folgten und die das Land gemeinsam, wenn auch nicht immer gemeinschaftlich regierten. 1130 starb der letzte von ihnen, Sigurd der Jerusalemfahrer, und eine lange Periode innerer Kämpfe begann. Als der Mönch Theodor am Ende des Jahrhunderts eine Chronik der norwegischen Könige verfaßte, da vermerkte er anläßlich eines Thronkampfes, bei dem sich ein „pseudorex" gegen den Throninhaber erhob: *wie es Brauch ist bei den Norwegern* (*sicut mos est Norwagiensibus*).

Wir wollen hier die Geschichte der norwegischen Thronkämpfe nicht im Einzelnen verfolgen – „die Geschichte dieser Kämpfe ist von schauriger Romantik" (Walther Holtzmann) –, sondern uns auf die eine Königsgestalt konzentrieren, in deren Wirken die skizzierte Konfliktlage am Ende des Jahrhunderts so markant zum Ausdruck kam. Die Rede ist von König Sverri (1177–1202). Er wurde zu der Zeit in Norwegen geboren, als Nikolaus Breakspar Trondheim zum Erzbistum erhob. Mit vier Jahren wurde er auf die Färöer-Inseln geschickt, wo er im Haushalt eines Bischofs aufwuchs, eine geistliche Grundbildung erhielt und schließlich als junger Mann zum Priester geweiht wurde. Dann soll ihm seine Mutter eröffnet haben, daß er in Wirklichkeit der uneheliche Sohn eines norwegischen Königs sei. Diese Genealogie ist legendenhaft. Von dieser Zeit an reklamierte Sverri sein königliches Recht auf den norwegischen Thron. 1176 ging er zurück nach Norwegen, um die Thronanwartschaft, die er aus seiner Abstammung ableitete, geltend zu machen. In Norwe-

gen herrschte zu dieser Zeit erneut ein König Magnus (Erlingsson 1164–1184), gestützt auf die Aristokratie des Landes und in
einem engen Bündnis mit der Kirche, insbesondere mit Eystein,
dem Erzbischof von Trondheim. Eystein war ein machtbewußter
Kirchenmann und er wußte seine Position gegenüber König Magnus geltend zu machen. Denn Magnus' Königtum war umstritten. Er war der Sohn eines mächtigen Adligen und der Tochter
Sigurds des Jerusalemfahrers, Kristina. So konnte er zwar einen
legitimen Anspruch auf den norwegischen Thron geltend machen, doch es gab in den Kämpfen um die Macht in Norwegen,
die nach Sigurds Tod einsetzen, noch andere Kandidaten, die
ihre königliche Abstammung geltend machten. Insofern mußte
Magnus seinen Anspruch durchsetzen und dazu benötigte er
Verbündete. Eystein selber war anläßlich seiner Ernennung zum
Erzbischof nach Rom gereist und es scheint, als habe er dort von
dem Reformgeist und dem geistlichen Selbstbewußtsein gegenüber der weltlichen Macht manche Anregung erfahren. Wohl um
die Herrschaft von König Magnus zu stützen, krönte ihn der
Erzbischof 1164 in Trondheim. Bei dieser Gelegenheit mußte
der König gegenüber einem anwesenden päpstlichen Gesandten einen Treueeid ablegen und er mußte dem Erzbischof von
Trondheim hinsichtlich der norwegischen Thronfolge weitgehende Zugeständnisse machen. Denn nicht nur in seinem Fall, sondern auch für seine Nachfolger räumte König Magnus dem Erzbischof ein Bestätigungsrecht ein. So hatte die norwegische Kirche aus einer Schwäche des Königtums ein sehr weitgehendes
verfassungsrechtliches Mitwirkungsrecht bei der Bestimmung
des norwegischen Herrschers erlangt. Das half ihr allerdings
zunächst nicht viel. Denn Magnus geriet nach Sverris Rückkehr
1176 bald in Bedrängnis. Sverri war allein nach Norwegen zu-
rückgekehrt und er soll dort eher durch Zufall als durch eigenes
Bemühen auf eine Schar aufständischer Kämpfer gegen König
Magnus gestoßen sein. Diese Leute, die so arm waren, daß sie
ihre Kleidung aus Baumrinde fertigen mußten, und die deshalb
„Birkenbeine" genannt wurden, hatten ihren Anführer verloren
und forderten nun Sverri auf, ihren Kampf zu leiten. Der habe
sich zunächst widersetzt, berichtet seine Saga, zu desolat habe
diese Truppe gewirkt. Angesichts der Alternative, diese Leute

anzuführen oder von ihnen getötet zu werden, habe sich Sverri schließlich ihrer angenommen. Was folgt, ist die Geschichte eines ‚langen Marsches'. Die Sverrissaga liest sich streckenweise wie ein Guerilla-Tagebuch. Es ist die entbehrungsreiche Geschichte weniger, armselig ausgestatteter Männer zwischen Kämpfen und Zuflucht in den Wäldern an der Grenze. Die abgerissenen Gesellen hatten ihren Anführer schon frühzeitig zum König erhoben, um seine Autorität zu stärken, denn sie waren nicht bereit, jemanden zu folgen, der denselben Rang einnahm wie sie selber. Im Land erhöhte diese Königserhebung Sverris Macht nicht entscheidend. Hier ging der Kampf um die Macht in Norwegen noch längere Zeit weiter. Die Saga schildert dabei sehr lebendig, wie Sverri seine Leute nach harten Rückschlägen immer wieder durch kurze Reden zum Weitermachen motivierte. Die Kämpfe wurden auf Schiffen in den Fjorden und an Land ausgetragen. Wiederholt griff Sverri das erzbischöfliche Trondheim an. Beim erstenmal erlitt er eine schwere Niederlage, doch ein späterer Angriff war erfolgreich. Dabei wurde der einflußreiche Vater von König Magnus getötet, und als Sverris Leute dann auch noch Bergen erobern konnten, schien sich die Lage zu Beginn der 1180er Jahre zu seinen Gunsten zu wenden. Doch er konnte Bergen nicht behaupten und als es sich abzeichnete, daß keine der beiden Parteien einen deutlichen militärischen Vorteil erzielte, kam es schließlich zu einem Treffen der beiden Könige in Trondheim, wo sie die Möglichkeiten einer friedlichen Konfliktbeilegung erörterten.

Die Verhandlungen zwischen Sverri und Magnus scheiterten. Sverri schlug nacheinander zwei verschiedene Modelle vor, die eine Teilung der Macht zur Folge hatten: entweder eine territoriale Teilung des Landes oder ein alternierendes Regierungsmodell, bei dem er zunächst mit seinen Leuten für drei Jahre das Land verlassen wollte, um dann wiederzukehren und selber drei Jahre zu regieren. Sein Gegner Magnus lehnte diese Modelle ab, zu schwierig sei die organisatorische Umsetzung einer Herrschaftsteilung. Denn in den Marktstädten oder an den Plätzen, an denen der König Abgaben erhob, würde jeder König seine Leute haben, und dann würde es unweigerlich Streit geben. Hinsichtlich des Angebotes von Sverri, das Land zu verlassen, war

Sverri erinnert seine niedergeschlagenen Kämpfer
an ihre christliche Verantwortung
Sverrissaga, Kap. 20

Sverri und seine Leute mußten einen geplanten Angriff auf Bergen
abbrechen, weil ihr Kommen frühzeitig bekannt wurde, und sie gerieten bei dem Rückzug durch schwieriges Gelände in sehr schlechtes
Wetter, verloren 120 Pferde und wertvolle Ausrüstung. Schließlich
verloren sie ihren Weg, waren acht Tage ohne Wasser und Nahrung
und gerieten in einen schweren Schneesturm. Als sie wieder klarere
Sicht hatten, fanden sie sich am Rande steiler Felsen wieder. Der
Hunger und die Verzweiflung über ihre Lage brachte den Vorschlag
auf, dem Leiden durch einen Sprung von den Klippen oder durch die
eigenen Waffen ein Ende zu setzen. Diesem Vorschlag trat Sverri
entschieden entgegen:

„Ich habe Euren Plan geprüft", sagte er, „er erscheint mir
hoffnungslos und Eure Absicht wird euch nicht im Geringsten
helfen. Von den Klippen zu springen und sich selbst um-
zubringen, ist die Ausflucht von Wahnsinnigen, die nicht in
der Lage sind, ihren eigenen Weg zu gehen. Und zu Eurem
Wunsch, Eure Waffen gegen Euch selbst zu richten, das ist ein
Brauch der Heiden, die Gott nicht kennen. Wir sind Christen,
die Kinder von Christen, und wir wissen, daß wer immer sein
eigenes Leben nimmt, keine Hoffnung auf Gott hat. Der Vorschlag ist eine Einflüsterung des Teufels und wir dürfen seinem Willen nicht folgen. Wenden wir uns der Gnade Gottes
zu und laßt uns daran denken, daß wenn auch seine Züch-
tigung streng erscheint, er uns nicht Schweres auferlegen
würde, wenn wir nur eine leichte Strafe verdienten. Laßt uns
unsere Sünden bereuen und einsehen, daß wir für unser
schlechtes Leben bestraft werden und nicht weil Er grausam
ist ... Ich bitte Euch daher um Euer Versprechen, das Versprechen von Euch allen, daß Ihr von Herzen gemeinsam mit mir
unternehmt, was ich in die Hand nehmen werde ..."

Als der König seine Rede beendet hatte, da schlossen sich alle
sofort zusammen, indem sie sich an den Händen hielten und
die Waffen aneinander schlugen, um den feierlichen Schwur
auszuführen, den der König sprechen würde.

Magnus zugänglicher. Dann sollte sein Gegner allerdings nie mehr zurückkehren. So ging dieses Treffen, das mit gegenseitigen Friedensbekundungen begonnen hatte, unter heftigen Verwünschungen zu Ende. Wir können aus dieser Episode Aufschlußreiches über die norwegische Königsherrschaft in der zweiten Hälfte des 12. Jahrhunderts lernen.

Das Scheitern der Ausgleichsbemühungen zeigt, wie dünn die materielle Basis für die norwegische Königsherrschaft war. Obwohl es sich um ein Land handelte, daß allein durch seine Topographie und seine Grenzen so beschaffen war, daß man sich nach einer Teilung der Machtbereiche nicht ständig begegnen mußte, war eine solche Teilung offenbar nicht möglich. Es gab zu wenige wirtschaftlich starke Orte, an denen der König Mittel für den eigenen Unterhalt abschöpfen konnte. Immer wieder konzentrierte sich das Geschehen auf Bergen und auf Trondheim, und damit waren die zentralen Marktstädte wohl benannt. Allein diese kurze Episode bekräftigt die geäußerte Skepsis hinsichtlich der größeren Zahl von Städten, in denen die Archäologen wichtige Zentren der Königspolitik sehen wollen.

Nach den gescheiterten Verhandlungen kehrten die Kontrahenten zu den Waffen zurück. Im Jahr 1184 kam es zur Entscheidung zwischen den beiden Königen und nur einer blieb am Leben und an der Macht. Schauplatz des letzten Gefechts war der Sognefjord. Wir halten hier nur das Ergebnis fest, und das war eindeutig genug: König Sverri und seine Leute gewannen die Schlacht. König Magnus verlor sein Leben und mit ihm starben viele seiner Anhänger aus der norwegischen Aristokratie. So war Sverri nun für einige Zeit der unbestrittene Herrscher Norwegens. Trat ihm auch zunächst kein weltlicher Konkurrent um den Thron entgegen, so gab es doch immer noch den Erzbischof von Trondheim, dessen Vorgänger anläßlich der Krönung von Sverris Gegenspieler Magnus diesem weitgehende Zugeständnisse in Hinblick auf die kirchliche Mitwirkung bei der Regierung Norwegens abverlangt hatte. Zwischen dem König und dem Erzbischof zog ein scharfer Konflikt herauf, der bis zum Ende von Sverris Regierungszeit 1202 nicht gelöst, sondern noch verschärft wurde. Es ging um ein klassisches Thema. Es ging um die Freiheit der Kirche, es ging um die Frage, inwieweit der

König und der Adel, die auf eigenem Grund und mit eigenen
Mitteln Kirchen stifteten, über diese Kirchen verfügen durften.
Die christlichen Königreiche Westeuropas hatten diesen Streit
bereits erlebt. In der Forschung spricht man bei der Einrichtung,
die hier auf dem Prüfstand gestellt wurde, vom Eigenkirchenwesen. Es bedeutete in der früh- und hochmittelalterlichen Ausprä-
gung bis zum 11. Jahrhundert, daß eine Kirche der vollen vermö-
gensrechtlichen, aber auch der vollen geistlichen Leitungsgewalt
desjenigen unterstand, auf dessen Grund und Boden sie erbaut
und mit dessen Mitteln sie unterhalten wurde. Dies war im Sinne
der Kirchenreform des 11. Jahrhunderts eine allzu enge Verbindung der geistlichen Würde mit weltlichen Interessen, und die
Reformer bekämpften solche Zustände mit Entschiedenheit.
Das kirchliche Recht, die Bestimmungen des *Decretum Gratiani*
unterstütze sie in diesem Kampf, den nun auch der Erzbischof
von Trondheim gegen das traditionelle Rechtsverständnis des
norwegischen Königs und sicher auch des norwegischen Adels
führte, die keineswegs von ihren Rechten gegenüber dem Klerus
lassen wollten. Nun war dieser große abendländische Konflikt
auch in Norwegen angekommen und sowohl die Mittel, mit
denen er ausgetragen wurde, als auch die Allianzen, die geschlossen wurden, zeigen, daß der Schauplatz dieses Konfliktes zwar
das entlegenere Norwegen war, daß die Streitpunkte aber eine
Folge der Entwicklung der europäischen Christenheit waren.
Beide Seiten beriefen sich auf das Recht und beide Seiten legten
zur Bekräftigung ihrer Standpunkte ein schriftliches Recht vor.
Dies führte keineswegs zu einer schnelleren Einigung, aber die
schriftliche Fassung, die eine neue Erscheinung war, war offenbar hervorgegangen aus dem Wunsch, die eigene Position zu prä-
zisieren. Dies war genau die Bewegung, die auch andernorts in
Europa zu scharfen Konflikten zwischen geistlichen Würdenträ-
gern und weltlichen Machthabern geführt hatte. Und es dauerte
nun auch in Norwegen nicht mehr lange, bis der Papst einge-
schaltet wurde. Denn der Erzbischof von Trondheim floh aus
dem Land in ein sicheres Exil zu seinem Amtsbruder in Lund.
Von dort wandten sich die beiden Metropoliten um Hilfe nach
Rom. Papst Cölestin III. verwehrte ihnen diese Hilfe nicht und
forderte Sverri auf, dem norwegischen Klerus die verlangten

Freiheiten zu gewähren. Jeder, der diese Freiheiten mißachte, verfalle der Exkommunikation. Dies war nun ein ganz und gar klassisches Konfliktschema. Die bedeutenden europäischen Königreiche, die eine selbstbewußte Politik auch gegenüber der römischen Kirche verfolgten, gewöhnten sich im 12. Jahrhundert an diese Form der Auseinandersetzung. Dem weltlichen Schwert setzte die Kirche nun ihr geistliches Schwert entgegen, die Exkommunikation. Das bedeutete den Ausschluß aus der praktizierenden christlichen Gemeinschaft, den Ausschluß von den Sakramenten also, nicht jedoch die Aufhebung der Taufe. Durch die Exkommunikation wurden auch die Treueeide der Untertanen gegenüber ihrem König aufgehoben. Da diese Eide das Untertanenverhältnis, zumindest das Treueverhältnis der Mächtigen im Königreich gegenüber dem Herrscher rechtlich begründeten, konnte die Exkommunikation politisch dann gefährlich werden, wenn die Herrschaft eines Königs ohnehin in der Kritik stand und die Exkommunikation den Kritikern nun Legitimität verlieh. Der Kampf des geistlichen mit dem weltlichen Schwert war ein zentrales Thema der europäischen Politik bis weit in das späte Mittelalter hinein. Nun kreuzte man die Klingen auch in Norwegen. Dabei würde man den Konflikt falsch verstehen, wenn man Sverris Reaktion als antiklerikal oder gegen die Kirche gerichtet interpretieren würde. Sverri selber war ja nicht nur Priester, er legte auch großen Wert auf den göttlichen Beistand in seinem Kampf, immer wieder motivierte er seine Leute unter Berufung auf ein christliches Vorbild. Diejenigen, die sich hier gegen die päpstlichen Ansprüche stellten, waren selber überzeugte Christen. Auch das kirchliche Recht, das *Decretum Gratiani*, sorgte keineswegs für eine eindeutige Situation. Die Anhänger von König Sverri kannten es und zitierten es zur Unterstützung ihrer eigenen Position. Besonders energisch taten sie es in einer königsfreundlichen Streitschrift, der *Rede gegen die Bischöfe* eines anonymen Verfassers. Der Text wurde um 1200 in dem Streit des Königs Sverri mit der Kurie und den norwegischen Bischöfen in der Volkssprache verfaßt. Ausgehend von einer klassischen Körpermetapher – die ganze Christenheit ist ein Leib, die Bischöfe sind die Augen etc. – entwarf der Verfasser das Bild einer funktionierenden christlichen Ordnung. Darin

kam den Königen als Herz und Brust des gesamten Organismus
eine zentrale Rolle zu. Doch war das gesamte Zusammenspiel
dadurch gefährdet, daß manche Glieder Aufgaben wahrnehmen
wollten, die ihnen nicht zukamen. Gemeint waren die Bischöfe
und ihre Forderungen, mit denen sie den König aus der Leitung
und der Aufsicht über die Kirche ausschließen wollten, obwohl
diese Aufgabe von der göttlichen Ordnung so vorgesehen wäre.
Diese Position wurde mit einer Reihe von Zitaten aus dem
Decretum Gratiani und der kirchlichen Tradition gestützt. Der
Angriff auf die besondere christliche Verantwortung und die
daraus resultierende kirchliche Führungsrolle des norwegischen
Königs empörte den Verfasser der *Rede gegen die Bischöfe* zu-
tiefst. Dabei zeigte sein Umgang mit den Rechtstexten, daß der
Angriff gegen den norwegischen Klerus von einem gebildeten
Autor formuliert worden war.

Die Rede gegen die Bischöfe (En tale mot biskopene) eines anonymen norwegischen Verfassers (um 1200)

„Diese große Menge von Beispielen zeigt klar, daß das See-
lenheil eines Menschen in Gefahr ist, wenn er nicht eine voll-
ständige Loyalität, Verehrung des Königs und den richtigen
Gehorsam beachtet, denn die königliche Herrschaft ist auf
Gottes Geheiß geschaffen und nicht durch menschliche Einrichtung, und niemand erhält die königliche Herrschaftsgewalt, es sei denn durch göttlichen Ratschluß. Ein König wäre
nicht mächtiger oder gewaltiger als Andere, wenn Gott ihn
nicht höher gestellt hätte als die anderen in Seinem Dienst,
denn in der Ausübung seiner Herrschaft dient er Gott und
nicht sich selbst. Daher, in der selben Weise, in der er Gott
selbst verpflichtet ist und Rechenschaft über seinen Schutz
und seine Unterstützung für die Kirche ablegen muß, nach
den Gründen, die wir bereits zitiert haben; und da ein Diener
der Heiligen Kirche verpflichtet ist, dem König gehorsam zu
sein, ihm innige Verehrung zu bezeigen und eine Loyalität
ohne alle Hintergedanken; deshalb können wir nicht verstehen, mit welchen Gründen unser Klerus wünscht, dem König

die Aufsicht zu entziehen, die er über die Heilige Kirche
haben sollte, und für welche Gott von ihm Rechenschaft ver-
langt, wenn wir doch sicher wissen, daß Männer mit niederem
Rang als der König Macht in der Heiligen Kirche ausüben ..."

Beide Seiten hatten ihre Lektion gelernt, und wir erkennen
aus der Tatsache, daß ein solcher Text in der Auseinandersetzung
eine Rolle spielte, wie die norwegische Entwicklung offenbar
Anschluß an die europäische Entwicklung fand. Der Verfasser
nahm auf manche Besonderheiten der norwegischen Situation
praktische Rücksicht. So war der Text in der Landessprache und
nicht im Latein der gebildeten Geistlichen geschrieben, und
auch die zahlreichen Zitate aus dem *Decretum Gratiani* hatte
der Verfasser übersetzt. Er legte sogar die Schwierigkeiten bei
diesen Übersetzungen dar, und erklärte, nach welchen Grundsät-
zen er in Problemsituationen verfahren war. Der weltliche Adel
und die Fürsten verstanden in der Regel kein Latein, das taten
sie auch im übrigen Europa nicht. In Norwegen waren für eine
Diskussion in Latein noch nicht genügend Gelehrte vorhanden.
Die Übersetzung trug diesem Umstand Rechnung und damit
zeigte sich auch, daß der Text eine praktische politische Wirkung
entfalten sollte und nicht nur eine Schulübung war.

Dänisch-französische Verbindungen

In dem Konflikt mit König Sverri hatte der Erzbischof von
Trondheim das Land verlassen, um sich vor seinem Gegner in
Sicherheit zu bringen. Er war zu seinem Amtsbruder nach Lund
gegangen. Von dort hatten die beiden sich an den Papst gewandt,
um Unterstützung im Kampf gegen den norwegischen Herrscher
zu erhalten. Diese Entwicklung war kein Zufall, denn der Erzbischof von Lund, Absalon, war ein hoher Aristokrat mit weit-
reichenden Verbindungen. Er hatte das Erzbistum von 1177 bis
1201 inne und sein Neffe Anders Sunesen (1201–1223) folgte
ihm auf diesem Stuhl. Diese Männer kamen aus einer reichen
Familie und sie verstanden es, als Ratgeber des Königs im eng-

sten Kreis der Macht erfolgreich zu agieren. Sie hatten Jahre im
Ausland verbracht, und beide waren in Paris gewesen, um dort
Theologie zu studieren. Dies war im fortgeschrittenen 12. Jahrhundert keine Ausnahme mehr. Der Chronist Arnold von Lübeck, der seit 1177 Abt in der neugegründeten Handelsstadt war
und um 1210 eine Chronik der jüngeren Ereignisse in der Geschichte des Ostseeraums schrieb, behandelte im dritten Buch
seines Werkes den Stand der dänischen Kultur im Vergleich mit
den Nachbarn. Er stellt fest, wie die Dänen, die ursprünglich in
der Kleidung der Seeleute herumgegangen seien, nun in Scharlach, Purpur und feinen Leinenstoffen aufträten: *In Kleidung
und Bewaffnung paßten sie sich den anderen Völkern an.* Dazu
brauchte es zweierlei, zum einen regelmäßigen Kontakt, um die
Vorbilder auch vor Augen zu haben, und zum anderen braucht
man ausreichend Mittel, um sich die neue Eleganz leisten zu
können. Arnold sah beides durch die alljährlichen Messen in
Schonen gegeben, zu der aus allen umliegenden Ländern die
Kaufleute herbeikämen, mit Gold, Silber und anderen wert-
vollen Gütern. Tatsächlich war die Südwestspitze des heutigen
Schweden jedes Jahr ab August der Handelsplatz für große Mengen von Hering, die man im Øresund fing. Die Fangsaison begann
an Mitsommer (21. Juni) und die Märkte eröffneten den Handel
des gesalzenen Fisches Mitte August, an Mariä Himmelfahrt.
Der dänische Chronist Saxo Grammaticus, der sein Geschichtswerk dem Erzbischof von Lund widmete, dessen Amtssitz sich
ganz in der Nähe dieser Fischfang- und Handelsplätze befand,
schilderte die Heringsmengen, die sich mit bloßen Händen aus
dem Meer fischen ließen. Aber Dänemarks internationale Verbindungen beschränkten sich nicht auf den Fischhandel. Arnold
von Lübeck hob auch hervor, daß die Dänen in den Wissenschaften große Fortschritte gemacht hätten, denn die vornehmen
Leute schickten ihre Söhne nach Paris, und zwar nicht nur um
dort zu Klerikern ausgebildet zu werden, sondern auch um die
weltlichen Dinge zu studieren. Diese jungen Dänen würden in
Paris sowohl in den weltlichen Studien wie in der Theologie
reüssieren. Dies war auch der Weg, auf dem die späteren Erzbischöfe von Lund um 1200 nach Paris gelangt waren. Dies war
sicher auch der Weg, auf dem diese Erzbischöfe und ihre Kir-

chen in engere Verbindung mit dem aufstrebenden Zisterzien-
serorden kamen. Der dänische Erzbischof Eskil, der es erreicht
hatte, daß Lund den Primat über die schwedische Kirche erhielt,
war selbst mehrere Jahre in Clairvaux gewesen, und er wurde
dort auch begraben. Der erste Erzbischof von Uppsala, der 1164
von diesem Eskil geweiht wurde, war ebenfalls ein Zisterzienser.
Es waren wohl diese Kontakte der Dänen nach Frankreich, die
am Ende des Jahrhunderts zu einer Verbindung beider Königshäuser führten, die immerhin ein gewisses politisches Potential
gehabt hätte. Der französische König Philipp II. (1179–1223),
dessen Herrschaftszeit eine entscheidende Phase in der Durchsetzung der zentralen Königsmacht darstellte, heiratete im August 1193 die dänische Prinzessin Ingeborg. Das genauere Kalkül
dieser Heirat ist nicht mehr zu ergründen. Fest steht die Tatsache, daß sich der französische König, dessen erste Frau gestorben war und der bislang erst einen kleinen Sohn hatte, weitere
Söhne wünschte, um die dynastische Kontinuität zu gewähr-
leisten. Möglichkeiten gab es mehrere, der König entschied sich
für Ingeborg von Dänemark und mit der Entscheidung konnten
die Verbindungen zwischen beiden Ländern eventuell noch verstärkt werden. Doch es kam ganz anders. Philipp traf Ingeborg
zum ersten Mal am 14. August 1193 in Amiens, und er heiratete
sie noch am selben Tag. Das war etwas übereilt. Am nächsten
Tag, an Mariä Himmelfahrt, wurde das Paar feierlich gekrönt.
Schon während der Krönung soll Philipp blaß geworden sein,
und unmittelbar nach dem Abschluß der Feierlichkeiten schickte
er die junge Königin in ein Kloster bei Paris. Das war eine etwas
überraschende Entwicklung, so unmittelbar nach der Hochzeit,
und es entsprach weder den Erwartungen, die Ingeborg an die
Verbindung geknüpft hatte, noch leuchtete es den Zeitgenossen
ein. Die Chronisten und Zeitgenossen, die Ingeborg kannten,
lobten sie als eine schöne Frau von Charakter. Philipp indessen
wollte nichts mehr von ihr wissen und er ließ sich auch für den
Rest seines Lebens von dieser Haltung nicht abbringen. Ingeborg ertrug die lange bittere Isolation bis zu ihrem Tod 1237/38
mit Haltung. Wir können dieser *cause célèbre* der Jahrhundertwende nicht weiter nachgehen. Die Annäherung Dänemarks an
die großen europäischen Königshäuser hatte diese Hochzeit er-

Arnold von Lübeck über die „Ehrenhaftigkeit" der Dänen
Chronica Slavorum III, Kap. 5

Die Dänen freilich, die die Sitten der Deutschen nachahmen,
welche sie in der Folge des langen Zusammenwohnens mit
ihnen kennengelernt haben, passen sich sowohl in der Kleidung
wie auch in der Bewaffnung an die übrigen Völker an; und
während sie früher die Kleidung von Seeleuten trugen, da sie,
am Meer wohnend, die Gewohnheiten auf den Schiffen angenommen hatten, kleiden sie sich nun nicht nur in Scharlach, in
Buntes und Graues, sondern auch in Purpur und feines Leinen-
tuch. Alle sind nämlich sehr reich wegen des Fischfanges, der
jedes Jahr in Schonen erfolgt. Dazu eilen von allen benachbar-
ten Völkern die Kaufleute herbei und bringen Gold und Silber
und andere Kostbarkeiten mit und kaufen deren Heringe, die
diese umsonst durch die göttliche Freigebigkeit erhalten, wobei
sie für das gewöhnliche Geschäft geradezu ihr Bestes, ja manche
in einem Schiffbruch sogar sich selbst hergeben. Ihr Land ist
auch voll der besten Pferde, wegen der überaus fruchtbaren
Weiden des Landes. Da sie wegen der Menge ihrer Pferde Rit-
terübungen durchführen, sind sie berühmt für ihre Reiterkämp-
fe und für ihre Kämpfe zur See. In den Wissenschaften sind sie
ziemlich weit fortgeschritten, weil die Edlen des Landes ihre
Söhne nicht nur nach Paris schicken, um sie zu Klerikern heran-
zubilden, sondern auch zur Unterweisung in den weltlichen
Dingen. Dort werden sie in die Literatur und die Sprache jenes
Landes eingeführt und kennen sich nicht nur in den Artes liberales* sondern auch in der Theologie gut aus. Wegen der natür-
lichen Schnelligkeit ihrer Zunge erweisen sie sich nicht nur in
den dialektischen Argumentationen als subtil, sondern beweisen
ihre Fähigkeiten als gute Dekretisten** und Legisten*** bei der
Behandlung kirchlicher Geschäfte.

  * Die sieben Artes liberales (Grammatik, Rhetorik, Dialektik,
Arithmetik, Geometrie, Musik und Astronomie) bildeten den Kanon
des mittelalterlichen Schulbetriebes.
  ** Fachleute für das Decretum Gratiani = kirchliche Juristen
*** Fachleute für das römische Recht

möglicht. Das merkwürdige Scheitern der Verbindung hatte offenbar persönliche Gründe, die für uns nicht deutlicher zu erkennen sind. Was dem französischen König Philipp die Annäherung an seine dänische Gattin schon bei der ersten näheren Begegnung unmöglich machte, erfahren wir nicht genauer und müssen das auch nicht. Die Eheleute trennten sich, bevor sie zusammengefunden hatten und dabei blieb es.

So scheiterte diese Verbindung der beiden Königreiche, auch wenn ihre politische Dynamik eine gewisse Parallelität aufwies. Denn so wie die Regierung Philipps II. als eine entscheidende Phase in der Durchsetzung der französischen Königsherrschaft gilt, so waren die dänischen Könige dieser Epoche ebenfalls erfolgreich in der Festigung ihrer Machtstellung. Die dänische Geschichte zwischen 1157 und 1241 wird als „Waldemarzeit" bezeichnet, unter Bezug auf die Namen der erfolgreichen Könige dieser Zeit: Waldemar I. der Große (1157–1182), Knut VI. (1182–1202) und Waldemar II. der Siegreiche (1202–1241). Waldemar I. war es nach mehrjährigen Kämpfen gelungen, sich als unumstrittener König der Dänen durchzusetzen und er nutzte seine starke Position, um die Herrschaftsgewalt und -kontinuität des dänischen Königtums auf eine neue Grundlage zu stellen. Dabei ging er in ähnlicher Weise vor wie fast zu derselben Zeit in Norwegen König Magnus, allerdings mit größerem Erfolg. In Norwegen hatte die unklare Thronfolgeregelung zu rivalisierenden Ansprüchen auf die Krone geführt, deren Folge jahrzehntelange innere Kämpfe um den Thron waren. Auch Dänemarks Krone war immer wieder blutig umkämpft. Dies war eine Folge der traditionell eher schwachen Königstradition der nordischen Länder, in denen die großen Thingversammlungen lange Zeit das Recht hatten, den König zu wählen. Die Machtbereiche dieser Könige waren nicht sehr klar begrenzt, wir haben zu Beginn dieser Darstellung darauf hingewiesen, daß es in Dänemark im früheren Mittelalter mehrere Könige gab. Der zunehmende Organisationsgrad in der Regierung des Landes – bei dem die Erfahrungen der Kirche mit ihrer Einteilung in Bistümer und Pfarrgemeinden eine wichtige Rolle spielten – führte dazu, daß die Frage nach dem Zuschnitt der königlichen Macht eine größere Bedeutung erhielten. Die Bedeutung, die der Kirche in dieser

Aufwertung des königlichen Amtes zukam, ist auch daran zu erkennen, daß bald nach der Mitte des 12. Jahrhunderts sowohl in Norwegen als auch in Dänemark die Könige erstmals durch die Erzbischöfe ihrer Länder gekrönt wurden: im Jahr 1164 Magnus Erlingsson in Norwegen und im Jahr 1170 Waldemar I. in Dänemark. In diesen beiden Krönungen kam das lange angstrebte Leitbild von der selbständigen Einheit der politischen Herrschaft und der kirchlichen Leitung der einzelnen skandinavischen Königtümer erkennbar zum Ausdruck. Die schwedische Königsmacht hatte sich noch nicht so erkennbar durchsetzen können, aber es ist doch augenfällig, daß das neue schwedische Erzbistum zur selben Zeit eingerichtet wurde (1164). Dabei hofften sowohl Magnus in Norwegen wie auch Waldemar I. in Dänemark mit ihrer Krönung ihre unmittelbare politische Lage zu stärken. Während dies bei Magnus wenig half, weil er zunehmend von Sverri attackiert wurde, war Waldemar erfolgreicher. Es gelang ihm, eine neue Thronfolgeordnung durchzusetzen, die künftig nur noch Thronfolger aus seiner eigenen Familie zuließ. Dabei gelang es ihm, seinen Vater Knut Laward, der in den dänischen Thronkämpfen 1131 von einem Rivalen ermordet worden war, zum Heiligen erheben zu lassen. So konnte Waldemar I. bei seiner Krönung 1170 in Ringstedt den Triumph feiern, als erster König von Dänemark durch den Erzbischof gekrönt zu werden, am selben Tag die zeremonielle Überführung (Translation) der Gebeine seines nunmehr heiligen Vaters Knut in die Marienkirche zu erleben und seinen eigenen 7jährigen Sohn, der ebenfalls Knut hieß, zum Mitkönig krönen zu lassen. Damit war die Grundlage für eine herrschaftliche Kontinuität geschaffen, die den dänischen Königen über mehrere Generationen eine erfolgreiche Herrschaft sicherte.

Die Entwicklungen des zwölften Jahrhunderts hatten im Norden dazu geführt, daß grundlegende und tragfähige kirchliche Strukturen entstanden waren. So erhielt eine geistliche Bildung ihre institutionelle Grundlage, die von ihrer gesamten Ausrichtung her in der abendländischen Tradition verankert war. Am Ende des Jahrhunderts verfaßte Saxo seine dänische Geschichte und in Norwegen entstanden drei historische Werke (Die synoptische Geschichte der Könige von Norwegen – *Ágrip*; Theodoricus Monachus' *Historia de Antiquitate Regum Norwagiensium* und die *Historia Norwegiae*), die neben dem Geschichtsinteresse auch die klassische Bildung ihrer Verfasser erkennen ließen, die ihre Darstellungen nun mit den Zitaten antiker Dichter bereicherten. Diese einsetzende Schriftlichkeit, die ja für sich genommen schon eine erkennbare Veränderung darstellte, ermöglicht uns auch einen differenzierteren Blick auf die Entwicklungen des nun einsetzenden dreizehnten Jahrhunderts.

Zwischen gleicher Augenhöhe und ausgeprägter Hierarchie: Europäische Ausgleichsvorgänge im 13. Jahrhundert

Der Ostseeraum

An der südlichen Ostseeküste lagen die letzten Regionen Europas, die im dreizehnten Jahrhundert noch nicht christianisiert waren. Die baltischen Gebiete waren noch weitgehend heidnisch. Die Politik der Eroberung und der Christianisierung der baltischen Gebiete wurde von den Reichsfürsten im Norden betrieben, da die deutschen Könige in dieser Region des Reiches kaum noch präsent waren. Eine zentrale Rolle spielte in dieser Mission der Herzog von Sachsen, Heinrich der Löwe (1129/30–1195). Heinrich verfolgte östlich der Elbe eine energische Missions- und Eroberungspolitik und ging dabei durchaus in Abstimmung mit dem dänischen König Waldemar I. vor, der an der südlichen Ostseeküste eine eigene Strategie verfolgte. Doch geriet Heinrich der Löwe in seiner Reichspolitik zunehmend in Konfrontation mit Friedrich Barbarossa, in der er schließlich dem Kaiser unterlag. Auf einem Hoftag in Gelnhausen 1180 verlor er seine Lehen und ging ins Exil nach England. Dadurch erhielt das dänische Königtum an der Nordostgrenze des Reiches zunehmende Bewegungsfreiheit, die auch durch die deutschen Herrscher nicht eingeschränkt werden konnte. Die Politik der Staufer konzentrierte sich auf den Süden. Zwar kam es nach dem Tode von Barbarossas Sohn Heinrich VI. 1197 zu einem längeren Konflikt zwischen Staufern und Welfen um die Königsmacht, in dem sich der norddeutsche Otto IV. zwischenzeitlich durchsetzen konnte, doch blieb seine Königsherrschaft eine Episode und mit Friedrich II. verlagerte sich der Mittelpunkt der Reichsherrschaft seit 1215 definitiv nach Italien.

König Waldemar von Dänemark hatte den staufisch-wel-
fischen Thronstreit auch durch überlegte Bündnispolitik dazu
nutzen können, seine Spielräume zu vergrößern. Er hatte in den
unentschiedenen Phasen des Konflikts zunächst den norddeut-
schen Otto IV. gegen die Staufer unterstützt, änderte diese Politik aber, nachdem Otto zum deutschen Herrscher wurde und
eine eigene Politik im Norden aufnahm, die den dänischen Interessen zuwiderlief. So wandte sich König Waldemar der staufischen Seite zu, die mit der Niederlage Ottos IV. bei Bouvi-
nes (27. Juli 1214) die Herrschaftsgewalt im Reich zurückge-
wann. Auf einem Hoftag in Metz im Dezember 1214 trat Friedrich II. zum Zeichen der immerwährenden und unverbrüch-
lichen Freundschaft mit König Waldemar II. diesem die Reichs-
gebiete jenseits der Elbe und ihres Nebenflusses Elde ab. Im
folgenden Jahr bekräftige der dänische König seinen Patronat
über die lübeckische Kirche. Waldemar verfolgte eine eigene erfolgreiche Politik der Eroberung und Christianisierung im Baltikum. Es gelang ihm zwischenzeitlich, die gesamte Küstenlinie
zwischen Elbe und Oder zu kontrollieren. Dabei übten die
Dänen auch die Herrschaft über Lübeck aus. Die vielen Erwäh-
nungen der Dänen im Werk des zitierten Arnold von Lübeck,
das in diesen Jahren entstand, sind ein Niederschlag dieser dänischen Vormachtstellung im Norden. Im Jahr 1219 eroberte ein
dänisches Kontingent Estland. Der legendenhaften Überlieferung nach soll bei der entscheidenden Schlacht von Lyndanisse
am 19. Juni 1219 ein blutrotes Banner mit einem Kreuz vom
Himmel auf die Dänen herabgekommen sein: der Dannebrog,
die spätere Nationalfahne. Doch ging diese Hegemonie in den
zwanziger Jahren des dreizehnten Jahrhunderts zu Ende. Graf
Heinrich von Schwerin, der nach Dänemark gereist war, um Probleme, die aus den baltischen Kämpfen resultierten, zu klären,
nutzte eine günstige Gelegenheit, nahm den König auf einer
kleinen Insel südlich von Fünen am 6. Mai 1223 gefangen und
entführte ihn nach Schwerin. Dort blieb er mehr als drei Jahre in
Gefangenschaft. Er wurde schließlich gegen das Versprechen
freigelassen, seine in der Zwischenzeit verlorenen deutschen Gebiete nicht zurückzuerobern, aber er ließ dieses Versprechen
nach seiner Freilassung durch den Papst für ungültig erklären.

Als er dann doch den Versuch einer militärischen Rückeroberung verlorener Positionen unternahm, wurde er am 22. Juli 1227 bei Bornhöved entscheidend geschlagen. Dieser Konflikt um den dänischen Einfluß im Nordosten wurde ohne die Beteiligung der Reichsgewalt geführt. Der dänische König unterlag einer Koalition von Fürsten und Herren im Norden, die von der Stadt Lübeck unterstützt wurde. Damit endete auch für die Lübecker die Zeit der dänischen Stadtherrschaft. Es waren wichtige Jahre für die Handelsstadt an der Trave gewesen. Die Lübecker Kaufleute hatten unter der dänischen Herrschaft und unter dem dänischen Schutz ihr Handelsnetz entscheidend ausgebaut. Lübeck wurde zu einer eigenen Größe im Ostseehandel und zunehmend auch in der Politik im Nordosten des Reiches. Seit den zwanziger Jahren des 13. Jahrhunderts entstanden entlang der Ostseeküste neue Städte, die zu Handelsplätzen wurden und die auch für die Mission ihres Umlandes eine bedeutende Rolle spielten (z. B. Rostock, Wismar, Stralsund). Diese Städte entstanden an Orten, wo es bislang eine slawische Ansiedlung gegeben hatte. Nun kamen aus dem Westen neue Siedler und Kaufleute und erwirkten für ihre Niederlassung städtische Rechte, deren Vorbild das Recht Lübecks war. Lübeckische Kaufleute waren an diesen neuen städtischen Gründungen maßgeblich beteiligt. So wurde das lübeckische Handelsnetz im Ostseeraum seit den zwanziger Jahren zunehmend enger. Die Stadt hatte ihre erstarkte Position 1226 durch einen kaiserlichen Freiheitsbrief mit Goldbulle bestätigt bekommen. Darin sicherte Friedrich II. den Lübeckern zu, *daß die vorgenannte Stadt Lübeck immer frei sei* (*ut predicta civitas Lubicensis libera semper sit*). Lübeck sollte eine besondere Stadt des Reiches sein, die direkt der kaiserlichen Herrschaft unterstehe. Angesichts der Entfernung des deutschen Herrschers und angesichts des fortschreitenden Rückzugs der Reichsgewalt aus dem Norden räumte ein solcher Status den Lübeckern einen großen Spielraum ein, wenn sie in der Lage dazu waren, ihre Freiheit zu nutzen. Während der verbleibenden Jahrhunderte des Mittelalters und darüber hinaus waren sie darin sehr erfolgreich.

Mit der Niederlage bei Bornhöved 1227 endete die dänische Vormacht im Baltikum. Die verbleibenden 14 Jahre seiner Re gierungszeit widmete Waldemar sich der inneren Konsolidierung seiner Königsherrschaft in Dänemark. Nach seinem Tod kam es zu langwierigen inneren Kämpfen um die Thronfolge und um die Macht im Land. Diese Kämpfe hatten einen sozialen und einen politischen Charakter, neben bäuerlichen Unruhen wegen höherer Abgabelasten und den Rivalitäten der führenden Adelsfamilien kam nun auch ein neuer Ton zu Gehör. Die dänische Kirche war in den Konflikt verwickelt und der Erzbischof von Lund brachte scharfe Vorwürfe gegen den dänischen König vor. Auf einer Synode, die 1256 unweit von Jellinge zusammentrat, wo fast 300 Jahre zuvor der dänische König Harald seine Bekehrung zum Christentum öffentlich gemacht hatte, klagten nun die dänischen Bischöfe über schwere Verfolgungen durch den König. Die sogenannte Konstitution von Vejle begann mit den Worten: *Da die dänische Kirche so schwerer Verfolgung durch Tyrannen ausgesetzt ist ...* Der König verfolge die Bischöfe und setze sie unter Druck, dafür drohten ihm diese nun mit der Exkommunikation und der Suspendierung der kirchlichen Sakramente für das ganze dänische Königreich, dem Interdikt. In der Mitte des dreizehnten Jahrhunderts war auch in Dänemark das bereits bekannte Konfliktschema zu beobachten: der König stand gegen den Erzbischof, zeitweilig ließ er ihn sogar in Haft nehmen (1259), die Kirche antwortete mit Exkommunikation und Interdikt.

Weniger deutlich als diese Vorgänge in Dänemark vollzog sich die Entwicklung in Schweden. Schweden hatte 1164 ein eigenes, wenn auch nicht ganz eigenständiges Erzbistum erhalten. Damit hatte die Kurie anerkannt, daß die inneren Rivalitäten zwischen den beiden Volksgruppen, den Svear und den Götar, in einer übergeordneten Einheit aufgehen konnten. Der Sitz des Erzbistums in Uppsala, nicht an dem Handelsplatz Sigtuna, nahm die heidnische schwedische Tradition auf – Adam von Bremen hatte von dem großen heidnischen Tempel in Uppsala berichtet – und christianisierte sie. So verband sich das Christentum mit der Tradition. In dem Verzeichnis der schwedischen Bistümer in der Florenzliste von 1120 war Sigtuna noch als Bischofssitz geführt worden, während Uppsala keine Erwähnung gefunden hatte. Nun wurde Uppsala zu einem zentralen Bezugspunkt in der kirchlichen Ordnung des Landes. Die Handelsstadt Sigtuna wurde 1187 von Seeräubern überfallen und niedergebrandt. Auf der Insel Stockholm ließ der König daraufhin eine Burg zum Schutz des Mälarsees errichten. In deren Umfeld entwickelte sich bald eine wachsende Ansiedlung. Bis in das späte 12. Jahrhundert hinein war das politische Gefüge Schwedens ohne effektive übergeordnete Macht gewesen. Die regionalen Thingversammlungen hatten die anstehenden rechtlichen und organisatorischen Fragen des Zusammenlebens beraten und entschieden. Sie waren dabei nach den unterschiedlichen Rechtstraditionen ihrer Heimatregionen verfahren. Im 12. Jahrhundert setzte allmählich ein Wandel zu einer übergeordneten Struktur für ganz Schweden ein, und wir werden dabei den Ordnungsvorstellungen und dem institutionellen Gefüge der Kirche, das wir erstmals in der Florenzliste von 1120 und dann bei der Errichtung eines eigenen schwedischen Erzbistums 1164 erkennen, eine wichtige Schrittmacherfunktion einräumen können. So wie die kirchliche Organisation Schwedens gegenüber den skandinavischen Nachbarn eine etwas verzögerte, aber in den Grundzügen vergleichbare Entwicklung nahm, so wird auch der schwedische König in einer Ausweitung seines Machtanspruchs allmählich zum König des ganzen Landes geworden sein – wie dies die Könige von Norwegen und Dänemark ebenfalls erreicht hatten. Dabei ging es nicht nur um Macht, die mit einer wachsenden organisatorischen Durchdringung des Landes auch über größere Ressourcen verfügen konnte, sondern es ging auch um die wachsende Akzeptanz für eine solche Königsherrschaft, die mit der Übernahme des Christentums an Boden gewann. Seit 1164 war Schweden eine eigene Kirchenprovinz, in der es nach der Überzeugung der Kirche neben einem Erzbischof auch nur einen König geben sollte. Dieses Prinzip setzte sich im 13. Jahrhundert erkennbar durch.

Erik Knutson (1208–1216) war der erste schwedische König, dessen Krönung durch einen kirchlichen Krönungsakt erfolgte. Die Rechtsaufzeichnungen der Provinz Västagötland, die etwa 1220 niedergeschrieben wurden, lassen erkennen, daß der schwedische König auf einer Thingversammlung in der Nähe von Uppsala gewählt worden war. Vertreten waren dort Abgesandte der

drei Thingversammlungen von Uppland, jener Landschaft im
Nordosten des Mälarsees, an dem die Handelplätze des mittelalterlichen Schweden lagen, und die man mit einem etwas ver-
fremdeten Begriff der mittelalterlichen deutschen Verfassungs-
geschichte vielleicht eine „Königslandschaft" nennen könnte.
Hier hatte das schwedische Königtum auch seine materielle
Basis. Die Wahl des Königs hatte in etwa den Charakter einer
Akklamationswahl eines realtiv festen Kandidaten aus der bisherigen königlichen Familie. In etwas anderem Maßstab sind uns
die Mechanismen durchaus aus der deutschen Königsgeschichte
vertraut. Im Anschluß an die Erhebung zum König tat der neue
Herrscher das, was auch ein römischer König des hohen Mittelalters getan hatte, er begab sich auf einen Königsumritt, um bei
all den Untertanen, die bei seiner Wahl nicht zugegen gewesen
waren und die ihm bislang ihre Treue noch nicht versichert hatten, die Gefolgschaft einzuholen. In Schweden hieß dieser Um-
ritt *Eriksgata*. Die energische Entwicklung hin zu einem ‚norma-
len' europäischen Königtum setzte in Schweden in der Mitte des
dreizehnten Jahrhunderts ein. In dieser Zeit wurde die praktische Politik des Königtums für eineinhalb Jahrzehnte (1250–
1266) von einem Mann geprägt, der selber nicht aus einer Kö-
nigsfamilie stammte, der es aber zu einer bestimmenden Stellung
gebracht hatte und dessen Nachkommen dann Könige wurden.
Die Rede ist von Birger Jarl, wobei Jarl die Bezeichnung eines
Amtes war, das in etwa dem eines deutschen Herzogs des hohen
Mittelalters entsprach. Diese Jarlämter gab es auch in Norwegen
und Birger Jarl hatte in Schweden in diesem Amt die ein-
flußreichste politische Stellung des Landes inne. Er agierte als
schwedischer *maior domus* im Sinne zentraler Königsmacht.
Eine Opposition des Hochadels, die sich gegen diese zunehmende Stärkung der zentralen Gewalt erhoben hatte, warf er nieder.
In seiner Regierungszeit pflegte er gute Verbindungen zu den
Königen von Dänemark und Norwegen und er trieb die Eroberung Finnlands energisch voran, wo die Schweden schon seit
Jahrzehnten einen eigenen Kreuzzug führten, dessen Verlauf wir
in den Quellen allerdings kaum verfolgen können. Im Jahre 1248
gelangte auch ein päpstlicher Gesandter nach Schweden, Wilhelm von Sabina, dessen Wirken die Aufnahme kanonistischer

Normen, die in der europäischen Kirche galten, nun entscheidend voranbrachte. All dies waren deutliche Hinweise darauf, daß Schweden im dreizehnten Jahrhundert eine politische Richtung einschlug, die sich am gängigen europäischen Modell orientierte.

Norwegen

Am deutlichsten ist diese Orientierung in Norwegen zu erkennen. Dorthin war der päpstliche Gesandte Kardinal Wilhelm von Sabina vornehmlich gereist. Er reiste in einem wichtigen päpstlichen Auftrag. Es war ein Auftrag, der die unmittelbare Folge des großen abendländischen Konfliktes in der Mitte des 13. Jahrhunderts war, des Kampfes zwischen dem Stauferkaiser Friedrich II. und den Päpsten Gregor IX. und Innozenz IV. Innozenz IV. hatte den Kaiser auf dem Konzil von Lyon im Juli 1245 abgesetzt und suchte nun einen neuen Kaiser. Diese Suche brachte den päpstlichen Kardinal nach Norwegen. Doch gehen wir der Reihe nach vor.

Kaiser Friedrich II. war deutscher Herrscher und König von Sizilien. Das Königreich Sizilien (*Regnum Siciliae*) umfaßte neben der Insel Sizilien auch Apulien und Kalabrien. Der König von Sizilien herrschte, etwas vereinfacht gesprochen, über den Süden Italiens unterhalb von Rom. Der Papst war sein Nachbar und im Falle von Friedrich II. war dies ein Problem. Friedrich war der Enkel Barbarossas. Diese Abstammung und die Wahl der Fürsten hatten ihn auf den deutschen Thron gebracht. Aber er war auch der Enkel des Normannen Roger II. (1095–1154), der Weihnachten 1130 zum König von Sizilien und Süditalien gekrönt worden war. Dieser Vorgang gehört als eine Seitenlinie zu unserem Thema der nordischen Integration, denn die Normannen, die seit der Mitte des 11. Jahrhunderts zu einem bedeutenden Machtfaktor im Süden Italiens geworden waren, kamen aus der Normandie. Sie waren die Nachfahren der nordischen Seeleute und Krieger, die sich in der Normandie angesiedelt hatten. Ihre Christianisierung hatte ihre Kontakte ins Mittelmeer verstärkt, wo sie auf ihren Fahrten nach Rom und Jerusalem im Süden Italiens lohnende Aufgaben für erfahrene Krieger vorfanden. Hier berührten sich verschiedene Machtbereiche und verschiedene Kulturkreise, arabische und byzantinische Interessen rangen miteinander, und auch die Päpste bemühten sich um Einfluß. Die Normannen waren als Söldner und als Kämpfer in eigener Sache erfolgreich. 1059 mußte Papst Nikolaus II. ihrem Anführer Robert Guiskard den Titel eines Herzogs von Apulien, Kalabrien und Sizilien verleihen – wobei die Normannen die Insel erst noch erobern mußten. Als etwa 70 Jahre später ein päpstlicher Legat Roger II. zum König des neuen Reiches krönte, hatten sich die Nachfahren der heidnischen Invasoren im Nordwesten Frankreichs in einem gänzlich anderen Kulturkreis als feste Macht etabliert. Doch war die Zukunft des sizilischen Königreichs von den Unwägbarkeiten dynastischer Politik bestimmt. Denn Rogers II. Söhne starben früh und schließlich fiel das Erbe an Friedrich II., dessen Vater Heinrich VI. mit Konstanze, einer Tochter Rogers II., verheiratet war.

Friedrich hat die meiste Zeit seiner Herrschaft als Kaiser und König in Italien verbracht. Der italienischen Politik und der Herrschaft im Königreich Sizilien galt seine besondere Aufmerksamkeit. Seit 1220 trug Friedrich II. den Kaisertitel und die Würde des kaiserlichen Amtes war ihm ein besonderes Anliegen. Friedrich pflegte den herrschaftlichen Auftritt und er wußte sich mit Menschen zu umgeben, die die Macht des kaiserlichen Amtes in eindrucksvolle Formulierungen zu fassen vermochten. Die Eleganz und sprachliche Schärfe der Texte aus der kaiserlichen Kanzlei haben ihnen eine lange Wirkungsgeschichte beschert. Doch ging es nicht nur um Stil. Der Kaiser war von den Anforderungen an sein Amt, durch seine Herrschaft dem Recht Geltung zu verschaffen, die Gesetzesbrecher durch Stärke in die Grenzen zu weisen und diese göttliche Ordnung unverbrüchlich zu bewahren, in fast unzeitgemäßer Weise durchdrungen. Die Mittel, die ihm für die kompromißlose Durchsetzung seines herrschaftlichen Anspruchs zur Verfügung standen, blieben weit hinter den eindrucksvoll formulierten theoretischen Ansprüchen zurück. Doch war dies bei seinem Gegenspieler kaum anders und damit sind wir bei dem großen abendländischen Konflikt, der die letzten Jahre von Friedrichs Herrschaft prägte und die traditionelle hochmittelalterliche Weltordnung erschütterte.

Die Päpste hatten seit dem Investiturstreit ihren Anspruch auf die Leitung der Christenheit zunehmend präzisiert. Die Spezialisten des kirchlichen Rechts konzentrierten die Kirchenverfassung immer mehr auf den Mann an der Spitze. In den wichtigen Fragen des Glaubens mußte Eindeutigkeit herrschen, und diese Eindeutigkeit ließ sich nur dadurch verbindlich erreichen, daß *ein* Mann, der Papst, die zentralen Fragen entschied. Eindeutigkeit und hierarchische Ordnung gehörten unverrückbar zusammen. Das ging soweit, daß Papst Innozenz IV. (1243–1254), der selber ein Kirchenjurist war, die Lenkung der menschlichen Natur durch eine einzige Person (*Regimen unius personae*) für ein Prinzip hielt, dem nicht einmal Christus selbst sich entziehen konnte: *denn er wäre nicht als ein besonnener Herr erschienen, um mit Ehrfurcht vor ihm zu reden, hätte er nicht nach sich einen solch einzigartigen Stellvertreter zurückgelassen ...* Diese Auffassung wurde auf dem Höhepunkt des Konfliktes zwischen Papst und Kaiser formuliert. Sie spitzte das hierarchische Gedankengut in einer Weise zu, die ahnen läßt, daß die Entwicklung in der Mitte des 13. Jahrhunderts ein harmonisches Miteinander der großen abendländischen Ordnungsmächte in Frage stellte. Der Herrschaftsanspruch des Papstes bezog sich zunächst auf die Christenheit und die Kirche, aber auch der Kaiser und seine Untertanen waren Christen und so kam es immer wieder zu Spannungen, wenn es konkrete Anlässe dazu gab. Diese konkreten Anlässe lieferte die italienische Politik Friedrichs II. immer wieder und da der Kaiser außerdem mit unbeugsamen Nachdruck darauf bestand, in der göttlichen Weltordnung neben dem Papst einen gleichberechtigten Platz mit der Zuständigkeit für die weltlichen Anliegen der Christenheit einzunehmen, war der Ausgleich immer wieder gefährdet. Zweimal wurde Friedrich II. von Papst Gregor IX. (1227–1241) exkommuniziert (1227 und 1239). Im ersten Fall war eine Einigung noch möglich, doch nach der zweiten Exkommunikation kamen Kaiser und Papst zu keiner Einigung mehr. Der Konflikt wurde mit militärischen Mitteln ausgetragen und als der Papst im August 1241 starb, hatten die Truppen Friedrichs Rom eingeschlossen und eine größere Zahl hoher kirchlicher Amtsträger, die vom Papst zu einem Konzil nach Rom gerufen worden waren, befanden sich in der Gefan-

genschaft des Staufers. Gregors Nachfolger Innozenz IV. floh aus
der Stadt und berief eine Kirchenversammlung nach Lyon. Dort
setzte er am 17. Juli 1245 Friedrich II. als Kaiser, als deutschen
Herrscher und als König von Sizilien ab. Es war ein umstrittenes
Urteil, Friedrich akzeptierte es selbstverständlich nicht, und der
Papst mußte versuchen, es in der realen Politik durchzusetzen.
Dabei tat er sich schwer und es zeigte sich bald, daß es eine
Sache war, ein solches Absetzungsrecht zu beanspruchen, daß es
aber eine ganz andere Schwierigkeit war, den Abgesetzten auch
von seinem Thron zu vertreiben. Dabei agierte die Kurie ohne
Fortune. Nur wenige Kandidaten reizte die Aussicht, gegen
Friedrich II. den deutschen Thron zu erstreiten. So verfiel der
Papst schließlich auf den norwegischen König, der sich schon seit
längerer Zeit um die Gunst der Kurie bemühte.

Nach dem Tod von König Sverri 1202 waren in Norwegen die
Kämpfe um die Macht und um den Thron erneut ausgebrochen.
Erst im Jahr 1217 gelang es dem illegitimen Enkel Sverris,
Håkon, seinen Anspruch auf den Thron durchzusetzen. Allerdings war Håkons Position zu diesem Zeitpunkt noch sehr unsicher. Er war ein Junge von 13 Jahren mit zweifelhafter Legitimität in einem labilen Machtgefüge. Er war nun ein König, aber
die Frage nach seiner Königsmacht stellte sich in jedem Interes-
senkonflikt mit den Großen des Landes aufs Neue. In dieser Situation hoffte Håkon, sein Königtum durch eine pästliche Krönung stärken zu können. 1229 ging erstmals eine entsprechende
norwegische Anfrage an der römischen Kurie ein. Die Kurie
brauchte Bedenkzeit und Håkon brauchte Geduld. Seine Geduld wurde über einige Jahre hin auf die Probe gestellt, in denen
er seine Anfrage verschiedentlich wiederholte. Erst nachdem
sich die Lage der Kurie durch den Kampf mit Friedrich II. spürbar verändert hatte, erhielt Håkon ein positives Signal. Im Oktober 1246 teilte Papst Innozenz IV. dem norwegischen König mit,
daß er nun bald einen Kardinal zu seiner Krönung nach Norwegen entsenden werde. Über England reiste der Kardinal im folgenden Jahr nach Norwegen und nahm am 29. Juli 1247 in Bergen die feierliche Krönung Håkons vor. Hier zeigte sich nun, wie
weit die großen europäischen Konflikte in den Norden hinein
Auswirkungen hatten. Denn bei der Krönung fragte der Kardi-

nal den norwegischen König auch, ob er Kaiser werden wolle.
Das war ein ungewöhnliches Angebot an einen norwegischen
König. Håkon wollte nicht, und das war sicherlich ein umsichti-
ger Entschluß. Der Kaiserthron war zwei Jahre nach der Abset-
zung Friedrichs II. noch unbesetzt und der Papst tat sich schwer
damit, einen geeigneten Kandidaten zu finden. Unter den Namen, die in diesen Jahren im Zusammenhang mit dem deutschen
Königstitel, den Friedrich ja auch verloren hatte, und dem Kaisertitel genannt wurden, findet sich wiederholt Håkon von Norwegen. Das war natürlich eine Verlegenheitslösung. Innozenz IV.
war es nicht gelungen, einen erfolgreichen neuen deutschen
König zu installieren, was im Normalfall der erste Schritt zum
Kaisertum war. So verfiel er schließlich auf Håkon. Das Angebot
der Kaiserkrone an den König von Norwegen läßt sich als die
Erfüllung einer fortschreitenden Integrationsentwicklung interpretieren, in der sich dieses Land im Norden schließlich soweit
in die europäische Politik eingefügt hatte, daß ihm das höchste
weltliche Amt der Christenheit angetragen wurde. Das war ein
sichtbarer Erfolg, auch wenn das Angebot eine Verlegenheitslösung war und ausgeschlagen wurde.

Das Angebot der Kaiserkrone wirft ein deutliches Licht auf
die Situation der europäischen Politik in der Mitte des dreizehnten Jahrhunderts – und auf die norwegische Rolle in diesem
europäischen Gefüge. Ein zentrales Problem der westeuropäischen Politik in der zweiten Hälfte des 13.Jahrhunderts war die
Neuordnung des staufischen Nachlasses, der allein aufgrund seiner Ausdehnung von Sizilien bis nach Norddeutschland eine
weitreichende Dimension hatte. Hier gab es Personalprobleme.
Wir begegnen bei all den Projekten dieser Epoche, bei denen es
um den Versuch ging, Herrschaften aus dem Staufernachlass
oder dessen Umfeld zu vergeben, immer wieder denselben
Namen. Die Auswahl war begrenzt und die Angesprochenen zö-
gerten. Der norwegische König gehörte in den Kreis der Kandidaten, zu denen neben ihm noch Richard von Cornwall, der Bruder des englischen Königs, Karl von Anjou, der Bruder des französischen Königs, und König Alfons von Kastilien gehörten.
Neben den Brüdern der Könige, die eigene Herrschaften suchten und schließlich auch fanden – Karl von Anjou in Sizilien,

Richard von Cornwall auf dem deutschen Thron –, erhielt in diesen Jahren auch die europäische Peripherie eine Chance. Nachdem Håkon den Kaisertitel abgelehnt hatte und nachdem der zwischenzeitliche deutsche König Wilhelm von Holland 1256 gestorben war, wurden 1257 in einer gespaltenen Wahl sowohl Richard von Cornwall als auch König Alfons von Kastilien zu römischen – also zu deutschen – Königen gewählt. Man hat diese überraschende Wahl mit dem Egoismus der Wahlfürsten erklärt, die in der Tat ansehnliche Geschenke erhielten. Aber diese Erklärung greift zu kurz. Denn die Kurie hatte zuvor auch keine überzeugenderen Kandidaten präsentiert. Tatsächlich war das bisherige europäische Ordnungsgefüge in eine Krise geraten. Die Könige der einzelnen Länder bemühten sich darum, ihre Herrschaftsstrukturen zu intensivieren. Das geschah auch im Norden, wie wir in Schweden gesehen haben und in Norwegen noch sehen werden. Kirchliche, soziale und politische Verbände erlebten eine verstärkte organisatorische Erfassung, sie wurden hierarchisch strukturiert. Die universalen Institutionen, Papsttum und Kaisertum, hatten diese Hierarchisierung der menschlichen Gesellschaft energisch befördert. Friedrich II. und der Papst hatten in den dreißiger Jahren epochale Gesetzeswerke erlassen (*Konstitutionen von Melfi* 1231, *Liber Extra* 1234), die diese Tendenz verstärkten, aber gleichzeitig verloren sie durch diese Präzisierungen an Boden. Das französische Königtum, das englische Königtum, das kastilische Königtum, sie alle definierten in diesen Jahren ihre Kompetenzen mit den Instrumentarien des Rechts, und sie grenzten sich ab von den Einwirkungsmöglichkeiten eines universalen Papsttums oder den Ansprüchen eines Kaisers. In diesem europäischen Umgestaltungsprozeß, der zwischen Konfrontation und Verständigung nach angebrachten Verfahrensregeln suchte, erhielten zwischenzeitlich auch Länder am Rande Europas eine Chance, wie Norwegen im Norden oder Kastilien im Südwesten. Dabei ist interessant, daß diese beiden Länder 1258 ein Bündnis schlossen und es durch die Verheiratung der Tochter Håkons mit einem jüngeren Bruder von König Alfons befestigten. Der Zweck des Bündnisses ist nicht recht zu erkennen. Es ist in seiner Unbestimmtheit in gewisser Weise Ausdruck einer Interessenübstimmung, die durch die beson-

dere europäische Konstellation entstanden war. Anders als der
Kastilier verstand es der norwegische König jedoch, die Möglichkeiten mit Augenmaß zu nutzen und zur Stärkung seiner
Herrschaft heranzuziehen, während der kastilische König seine
Möglichkeiten überschätzte und damit in ernste Schwierigkeiten
geriet, denn er wurde schließlich durch aufständische Adlige
abgesetzt, die seine ehrgeizigen Pläne nicht mehr mittragen
mochten.

Bei Håkon von Norwegen war die europäische Ausrichtung
dagegen Teil einer weitergespannten politischen, religiösen und
kulturellen Bewegung. Als eine treibende Kraft erkennen wir
dabei die Geistlichkeit. Sie blickte zunehmend nach Rom. Seit
etwa 1230 nahm der Schriftverkehr mit der Kurie, nahmen die
Bitten um die Klärung von Rechtsfragen, um die Unterstützung
der eigenen Anliegen, erkennbar zu. Als der Kardinal Wilhelm
von Sabina zur Krönung des Königs nach Norwegen gelangte, da
berief er eine Versammlung ein, um den Zustand der norwegischen Kirche in Augenschein zu nehmen und wohl auch, um die
norwegischen Kleriker über die neueren Entwicklungen im kanonischen Recht zu informieren. Die Probleme, die dem Kardinal bei dieser Gelegenheit vorgetragen wurden, zeigen, daß mit
dem Einzug der abendländischen Kirche in den Norden auch die
Konflikte innerhalb dieser Kirche in Norwegen auftauchten.
Eines der großen kirchlichen Themen des 13. Jahrhunderts war
der enorme Erfolg der Bettelorden, der Franziskaner und der
Dominikaner, die seit dem Beginn des Jahrhunderts mit ihrer
strikt am Evangelium ausgerichteten Lebensweise in fast allen
europäischen Länder ihre Konvente gegründet hatten, und die
sogar bis nach China reisten, um dort die Aussichten des christlichen Glaubens zu sondieren. Ihr Programm, das Leben in
christlicher Armut nach dem wörtlichen Vorbild des Evangeliums, traf einen religiösen Nerv der Zeit. Ihr persönlicher Einsatz bewegte viele Menschen, ihre Predigten zu hören, ihre Seelsorge zu suchen und ihnen auch materielle Unterstützung zu
gewähren. Das führte oft zu bitterer Konkurrenz mit der traditionellen Geistlichkeit, die plötzlich ganzer Anteile ihrer Le-
bensgrundlage beraubt wurde und mit Empörung reagierte. So
ging das auch in Norwegen vor sich, wo der Kardinal nun solche

Streitigkeiten zwischen den Dominikanern und den Domkanonikern in Bergen schlichten mußte. Die Methoden der Auseinandersetzung waren nicht sehr feinsinnig, denn die Domgeistlichen leiteten ihre Abwässer auf das Anwesen ihrer dominikanischen Brüder. Etwas überspitzt können wir sagen, daß diese Abwasserfrage eine europäische Dimension enthielt, denn sie offenbarte einen Konflikt, der überall in Europa auftrat, wo die Kirche von der Dynamik der neuen Bettelorden erfaßt wurde.

Die norwegische Kirche blieb in einer Randlage, aber sie wurde auch in praktischer Hinsicht zunehmend zu einem Teil der europäischen Christenheit, als deren Haupt sich der Papst so ausdrücklich verstand. Wir können die Orientierung der norwegischen Geistlichen an der römischen Kurie auch an einer Anfrage beim Papst erkennen, in der es nach heutigem Sprachgebrauch um das Hinterlegen von Sicherheitskopien ging. Wenn wir im 13. Jahrhundert bereits wiederholt einen deutlichen Zug zur schriftlichen Fixierung von Rechtsverhältnissen festgestellt haben, so tauchte damit neben der Rechtssicherheit durch einen geschriebenen Text auch ein neues Problem auf: die Schriftstücke mußten gesichert werden, um die in ihnen verbrieften Rechte zu bewahren. Solche Sicherungsabsichten veranlaßten den Erzbischof von Trondheim und seine Geistlichen, Papst Innozenz IV. darum zu bitten, Abschriften der Urkunden, die für den Rechtsstatus der Trondheimer Kirche wichtig waren, an der Kurie hinterlegen zu dürfen, da die unsachgemäße Lagerung in Norwegen das Pergament bereits deutlich beschädigt habe. Der Papst gab daraufhin genaue Anweisungen, was bei der Anfertigung der Abschriften zu beachten sei. Für die Trondheimer Geistlichen war das entfernte Rom also ein erkennbarer Bezugspunkt. Sie erhofften sich durch diesen Schritt künftige Rechtssicherheit. Hier wurde die Kurie zu einer Art abendländischem Archiv. Rom war von Trondheim etwa 50 Tagesreisen entfernt, aber es erscheint in dieser Anfrage als eine sehr präsente Größe.

Um in den Vorteil dieser universalen Möglichkeiten zu gelangen, mußte man freilich die entsprechende Sprache sprechen. Innozenz IV. hatte die Norweger angewiesen, norwegisch abgefaßte Urkunden ins Lateinische zu übersetzen. Den Norwegern war klar, daß ihre eigene Sprache im Umgang mit den Menschen anderer Länder nicht immer ausreichte. *Wenn Du vollkommen in deinen Kenntnissen sein willst, da lerne du alle Sprachen und vor allem Latein und Französisch, denn diese Sprachen sind am weitesten verbreitet.* So riet ein norwegischer Vater in diesen Jahren seinem Sohn, der sich dafür interessierte, was ein guter Kaufmann wissen müsse. Überliefert ist diese Empfehlung in einem Text, der in den 1250er Jahren im Umfeld des norwegischen Königs entstand. Der Titel des Textes ist *Königsspiegel (Konungsskuggsjá)* und er schloß an eine alte Tradition der abendländischen Literatur an, die in solchen Texten seit der Karolingerzeit ein persönliches und politisches Leitbild für christliche Herrscher entworfen hatte. Im 13.Jahrhundert bekam diese europäische Gattung einen neuen eigentümlichen Impuls durch die Rezeption der aristotelischen Politik, die damals in Übersetzungen erstmals bekannt wurde. Der norwegische Text ist hiervon unbeeinflußt und in markanter Weise seiner nordischen Entstehung verpflichtet. Er ist angelegt als ein Gespräch zwischen einem Vater und seinem Sohn, der diesen über die verschiedenen Professionen, die ein Mann in Norwegen ausüben konnte, befragt. So entsteht eine lebendige Schilderung der Lebensumstände der Kaufleute und der Welt des Nordmeeres, in der sie ihren Handel betrieben, und es entsteht ein lebendiges Bild von der Welt am Königshofe. Denn der Königsspiegel widmet sich eingehend der Frage, wie das Leben in der Umgebung des Königs beschaffen sei, welchen Regel es folge und welche Position der König gegenüber seinem Gefolge und gegenüber seinen Untertanen einnehme.

Über das Leben eine Kaufmanns
Königsspiegel, Konungsskuggsjá, Kap. 3

Sohn: Weil ich nun im beweglichen Alter bin, so habe ich Lust, von Land zu Land zu reisen, denn ich getraue mich nicht, die königliche Gefolgschaft aufzusuchen, ehe ich zuvor die Sitten frommer Männer kennengelernt habe …
Vater: Der Mann, der ein Kaufmann sein soll, muß sich mancher Lebensgefahr aussetzen, manchmal auf dem Meere,

manchmal in heidnischen Ländern und fast immer unter fremden Völkern. Stets muß er daran denken, sich dort richtig zu verhalten, wo er sich befindet. Auf dem Meere muß er rasche Entschlossenheit und starken Mut haben. Aber wenn du dich in Handelsplätzen befindest oder wo du immer bist, da zeige dich gesittet und gefällig, das macht einen Mann beliebt bei allen guten Leuten.

Gewöhne dich daran, am Morgen früh auf zu sein und gehe gleich zuerst zu der Kirche, wo es dir am passendsten erscheint, dem Gottesdienst beizuwohnen, und dort nimm teil an allen Horen, höre die Messe gleich nach der ersten Hore und bete unterdessen für dich deine Psalmen und Gebete, die du kannst. Nach dem Gottesdienst gehe du aus und schaue dich um in deinem Handel. Und wenn dir der Handelsverkehr in dem Ort unbekannt ist, da achte du sorgfältig darauf, wie die sich in ihren Geschäften verhalten, welche die größten und besten Kaufleute genannt werden.

Das ganze Werk ist von einer höfischen Ethik durchdrungen, deren Vorbild unschwer in den klassischen Idealen des Rittertums zu erkennen ist. Die Bedeutung höfischer Sitten im Umfeld des Königs wird immer wieder betont. Es ist offenkundig, daß hier der Königsdienst dem Vorbild des französischen oder englischen Königshofes folgte. Die Empfehlung, Latein und Französisch zu lernen, trug dieser Ausrichtung Rechnung. Französisch war die Sprache der großen Höfe, die man auch am englischen Hof sprach. Dabei eiferte König Håkon diesem Ideal offenbar selber nach. Denn als er 1263 auf einem letzten Kriegszug gegen Schottland erkrankte und in Kirkwall auf dem Sterbebett lag, da ließ er sich lange vorlesen. Zunächst ließ sich der König lateinische Bücher vorlesen, bis er so schwach war, daß er ihren Inhalt nicht mehr verstand. Offenbar verstand er die lateinischen Texte, solange er gesund war. Das war viel für einen weltlichen Herrscher. Von Rudolf von Habsburg, der zehn Jahre später auf den deutschen Thron gelangte, konnte man das nicht sagen. Håkon wußte, daß nicht alle diejenigen, die an der höfischen Kultur interessiert waren, auch die französische Sprache, in der sie bevorzugt zum Ausdruck kam, sprechen oder lesen konnten. Das machte der Norweger auch gegenüber dem französischen König Ludwig IX. geltend, der ihn nach der Krönung in Bergen einlud, die französische Kreuzzugsflotte zu befehlen. Das war durchaus ein ehrenvolles Angebot, denn der Kreuzzug war das große Lebensthema des französischen Königs, der diese Operation zwischen 1244 und 1248 umsichtig vorbereitet hatte. Håkon lehnte das Angebot mit dem Hinweis ab, seine Leute seien in Sprache und Umgangsformen für die französischen Ritter etwas zu ungehobelt. Das war sicher ein willkommener Vorwand, und klug war er auch, denn Ludwigs Kreuzzug schlug fehl. Doch Håkon arbeitete weiter an dem kulturellen Anschluß seines Landes an das höfische Vorbild. Die Universitätsbibliothek von Uppsala verwahrt eine altnordische Übersetzung bretonischer epischer Dichtungen, die nach der Vorrede auf Geheiß König Håkons angefertigt wurde. Die Übersetzung entstand um 1250. In diesen Jahren entstanden viele vergleichbare nordische Texte nach kontinentalen höfischen Vorlagen. Besonders taten sich bei diesen Übersetzungen die Isländer hervor. Das ist ein durchaus interessanter Befund angesichts der Randlage dieser Insel und es zeigt eine dezidierte europäische Orientierung. Die Zunahme der Texte ermöglicht uns auch einen differenzierten Blick auf die Mechanismen und die Bewertung der europäischen Integration dieser nordischen Kultur. Denn im dreizehnten Jahrhundert ist die schriftliche Überlieferung mitunter so dicht, daß politische Strukturentwicklungen und die Reaktionen der Betroffenen unabhängig voneinander überliefert sind. Im Falle Islands und Norwegens erkennen wir sowohl die politischen Konsequenzen der Übernahme europäischer Ordnungsvorstellungen als auch die durchaus unterschiedlichen Reaktionen auf diesen Vorgang.

Dabei ging es nicht nur um kulturelle Werte und die Verfügbarkeit höfischer Literatur am Polarkreis. Es ging auch um die Herstellung europäischer Hierarchien in den nordischen Ländern, deren politische Verfassungen lange Zeit solche herrschaftsbestimmten Ordnungsvorstellungen kaum gekannt hatten. Die Tradition der Thingversammlungen kannte die Meinungsbildung durch die Beratung Gleichgestellter und die Könige des Nordens waren keine mächtigen Männer mit dem Anspruch auf Unterordnung gewesen. Dieser Anspruch kam im 13.Jahrhundert hinzu und er wurde nach dem Vorbild der mächtigen europäischen Königsherrschaften in Frankreich und England formuliert. Der norwegische Königsspiegel zeichnet den König in seinem höfischen Umfeld als eine mächtige, durch Gott legitimierte Herrschergestalt. Das war die andere Seite des europäischen Einflusses, und mancher verlor dadurch traditionelle Freiheiten.

Während seines Aufenthaltes äußerte der Kardinal sein Befremden darüber, daß Island eine Insel ohne einen Herrscher sei, *denn er hielt es für unangebracht, daß dieses Land nicht einem König untertan sei, wie alle anderen in der Welt.* König Håkon hatte schon seit längerem versucht, die Isländer seiner Herrschaft zu unterstellen. Nach seiner Krönung verstärkte er das Bemühen und im Jahre 1264 endete schließlich die eigentümliche Geschichte der freien isländischen Siedlung. Die Unterstellung unter die norwegische Herrschaft war nur möglich, weil die isländische Selbstverwaltung und Selbstbestimmung sich seit längerem im Niedergang befand. Die Freiräume, die die isländische Verfassung den Bewohnern der Insel in der Wahl ihrer Häuptlinge gelassen hatte, ließen sich im weiteren Fortgang der Geschichte Islands nicht bewahren. Die Macht konzentrierte sich zunehmend in der Hand einzelner Familien, die ihre Stärke dazu nutzten, die durch Wahl zu vergebenden Godenämter unter ihren Einfluß zu bringen. Allmählich festigten sich in den verschiedenen Teilen der Insel territoriale Machtstrukturen (*Ríki*), die von einzelnen Familien kontrolliert wurden, die miteinander um die Vorherrschaft kämpften. Für die vormals freien Bauern, die die Zugehörigkeit zu einer Gefolgschaft selber wählen konnten, brachte diese Machtkonzentration spürbare Beschränkungen mit sich. Denn die territorialen Herren bemühten sich nun um die Mobilisierung des wirtschaftlichen Potentials in ihrem Machtbereich. So wurde die Abgabenlast höher und die Entrichtung zunehmend herrschaftlich vorgeschrieben. Während der langen Jahrzehnte, in denen in Norwegen selbst um die Herrschaft gekämpft wurde, hatten die norwegischen Könige wenig Einfluß in Island geltend machen können. Seit der Festigung der Königsmacht im eigenen Land konnte Håkon stärkeren Einfluß auf der Insel ausüben. Er nutzte die traditionellen Kontakte mit den mächtigen Familien in Island, deren Söhne häufig eine Zeit am norwegischen Hof verbrachten, um Verbündete zu gewinnen. So schickte Håkon den Isländer Snorri Sturlusson mit dem Auftrag auf die Insel, seine Landsleute zu bewegen, sich selbst der Herrschaft des norwegischen Königs zu unterstellen. Snorri war ein Mitglied der Sturlunga-Familie, die zu den einflußreichsten Familien der Insel gehörte, ein mächtiger Mann und gleichzeitig einer der bedeutendsten Dichter seiner Zeit. Als Dichter hat er dem nordischen Selbstverständnis dieser Umbruchsphase eine eigene Stimme verliehen, als Politiker hat er den Auftrag Håkons mit solcher Zurückhaltung ausgeführt, daß dieser darin einen Verrat sah und Snorri 1241 in Island töten ließ. Die norwegische Monarchie war nun stark genug, die Isländer zur Anerkennung ihrer Herrschaft zu bewegen. Zwischen 1262 und 1264 unterstellten sich die verschiedenen isländischen Thingversammlung dem norwegischen König. Damit endete diese eigentümliche Epoche der isländischen Geschichte.

Die Unterordnung Islands zeigte die andere Seite der europäischen Kultur des dreizehnten Jahrhunderts. Diese Seite war in hohen Maße geprägt von einem hierarchischen Ordnungsgedanken, der gleichermaßen die weltliche und die geistliche Sphäre durchdrang. Man muß keine moderne demokratische Perspektive einnehmen um festzustellen, daß der Prozeß der europäischen Integration des Nordens auch einen Preis hatte.

Eine Entwicklung, die nicht nur eine diffuse gesellschaftliche Bewegung hervorrief, sondern die eine dezidierte Stoßrichtung entwickelte, mobilisierte auch Widerstände. Wenn die eigene Tradition durch neue Herausforderungen in Frage gestellt wurde, dann konnte diese Herausforderung auch dazu führen, daß mancher Vertreter der Tradition sich nun sehr bewußt auf seine eigene kulturelle und politische Identität besann. So ist vielleicht das Werk des Isländers Snorri Sturlusson zu interpretieren, dessen politische Mission wir bereits angesprochen haben. Snorri war der Verfasser einer monumentalen, 300 Jahre umspannenden norwegischen Königsgeschichte, die heute als *Heimskringla* bekannt ist. Diese Geschichte endet im im Jahre 1177, wenige Jahre bevor Sverri seinen Gegner Magnus besiegte, wobei Magnus starb. Das Werk wurde in den 1220er und 30er Jahren abgefaßt, als sich der geschilderte europäische Einfluß zunehmend bemerkbar machte. Die Vorstellungswelt dieses großen historischen Entwurfs ist in den letzten Jahren eingehend und auch kontrovers diskutiert worden. Folgendes scheint für unsere Fragestellung bedenkenswert. Snorri entwarf das dezidierte Bild einer nordischen Kulturtradition. Dabei ging es um den gesamten Norden, nicht nur um einzelne Länder. Snorri spricht vom „Nordland" (Nordlond) und von „dänischer Zunge", um die gemeinsame Sprache dieser nordischen Länder zu charakterisieren. Dagegen läßt er das außernordische europäische Geschehen weitestgehend unberücksichtigt und er verzichtet auch darauf, seinen Protagonisten christliche Handlungsmotive zuzuschreiben. Das gilt auch für die Zeit nach Norwegens Bekehrung zum Christentum. Der Codex der Handelnden ist nicht einem christlichen Wertesystem verpflichtet, sondern eher auf konkrete situationsbedingte Herausforderungen bezogen. So betonte Snorri in einer Phase, in der der europäische Einfluß von seinen Zeitgenossen bewußt gefördert wurde, die nordischen Kontinuitäten. In Hinblick auf die europäische Integration des Nordens ist das dreizehnte Jahrhundert wohl die vielschichtigste Zeit und diejenige mit den deutlichsten Veränderungen.

Snorri Sturlussons Vorrede zur Heimskringla

In diesem Buch habe ich aufzeichnen lassen die Geschichten von den Herrschern, die in den Nordlanden regiert haben und die die dänische Sprache redeten, so wie ich sie von kundigen Männern habe berichten hören, wie auch von deren Genealogien, soweit man mich darüber unterrichtet hat. Einiges von diesen Geschichten findet sich in den Ahnenüberlieferungen der Vorfahren, in denen Könige oder andere Männer von hoher Abkunft ihr Geschlecht aufgezählt haben. Anderes aber ist aufgezeichnet nach alten Skaldenliedern oder Sagaweisen, mit denen sich die Leute die Zeit vertrieben. Obwohl wir nun nicht genau wissen, was Wahres daran ist, so wissen wir doch sicher, daß kundige Männer aus alter Zeit diese Überlieferung für wahr gehalten haben …

Handelsstrukturen

Ein Problem des 13. Jahrhunderts war, daß die universale, und das hieß: die christliche Perspektive verbindliche Normen für alle Christen setzte. Dabei war es egal, welche Gebräuche und auch welche Möglichkeiten die Bewohner der verschiedenen Regionen hatten, die sich nun alle als Christen sahen. das konnte zu manchen Unverträglichkeiten führen, wie etwa im Falle der Eucharistie, für die nach christlicher Tradition der Wein ein unverzichtbarer Bestandteil war. Trotz mancher Hinweise auf die Schwierigkeit des Weinbaus im Norden und wiederholter Anfragen, ob der Wein nicht durch andere Getränke ersetzt werden könne, blieb die Kurie hart und unterwarf die Christen des Nordens denselben Normen, die für die mediterrane Kirche galten.

In der Praxis gab es für solche Probleme schon seit längerer Zeit Lösungen und im fortgeschrittenen 13. Jahrhundert finden wir deren Niederschlag auch bei den Theologen: *Wenn auch nicht in allen Ländern Weizen und Wein wächst, so kann er doch leicht in ausreichender Menge in alle Länder gebracht werden* hieß es bei Thomas von Aquin, dessen Erfahrungen durch die Kultur italienischer Handelsstädte geprägt worden waren. Einen Weinhandel mit dem Norden können wir seit dem Ende des 12. Jahrhunderts feststellen. Nicht jeder war froh darüber. 1186 hatte König Sverri deutsche Händler in Bergen scharf angegriffen, die in Norwegen Butter und Dorsch kauften: *als Gegenwert haben sie Wein hier eingeführt, den die Leute gekauft haben, sowohl die Männer meines Gefolges als die Bürger und Kaufleute. Aus diesem Kauf ist viel Böses entstanden und nichts Gutes. Viele haben deswegen ihr Leben verloren, und einige die Glieder. Manche tragen Schaden davon für die ganze Zeit ihres Lebens. Andere haben Schimpf erlitten, sind verwundet oder geprügelt worden, und das kommt alles von der allzu großen Trinkerei.*

Solche Auswüchse waren gewissermaßen die Kehrseite der christlichen Handelsschiffahrt, die in der Integration des Nordens naturgemäß eine zentrale Rolle spielte. Nicht nur Sverris aufgebrachte Rede bezeugt den Charakter einer lebendigen Handelsstadt, den Bergen am Ende des 12. Jahrhunderts erlangt hatte. In einer Schilderung dänischer Besucher aus diesen Jahren

Håkonshalle in Bergen, 1247 von König Håkon errichtet.
Bildarchiv: Foto Marburg.

ist ebenso von der großen Zahl der Schiffe und Kaufleute aus den Ländern Nordeuropas die Rede wie von den Alkoholexzessen. Fünfzig Jahre später, als der Kardinal Wilhelm den norwegischen König Håkon in Bergen krönte, lobte er die lebendige Erscheinung der Stadt und ihren Hafen mit den vielen Schiffen. Er habe niemals zuvor so viele Schiffe in einem einzigen Hafen gesehen, fügte er höflich hinzu. Viele dieser Schiffe kamen aus Lübeck. Obwohl es aus dieser Zeit keine Aufzeichnungen der Hafenmeisterei oder eines Zollamtes gibt, aus denen wir ersehen könnten, was zwischen Lübeck und Norwegen gehandelt wurde, so haben wir doch aus eben diesen Jahren aussagekräftige Briefe des norwegischen Königs, die uns weiterhelfen. Um 1247 forderte Håkon die Lübecker auf: *schickt uns weiterhin in gewohnter Weise eure Schiffe mit den Waren, die unser Land benötigt, Ge-*

treide und Malz, und erlaubt unseren Kaufleuten, diese Waren zu kaufen, da der Hunger in unserem Land andauert. Doch brachten die Lübecker nicht nur Getreide, denn Håkon fügte hinzu, daß das Lübecker Bier in keiner Weise als Handelsware mitgeführt werden solle, da es seinem Land nicht guttue und die Kaufleute deshalb nur so viel mitnehmen sollten, wie sie für die Überfahrt brauchten.

Wir erkennen aus Håkons Bezug auf den Hunger in seinem Land auch, daß es bei dem Handel im dreizehnten Jahrhundert nicht nur um rituelle Substanzen und Luxuswaren ging, sondern um größere Mengen von Nahrungsgütern. Daran scheint Norwegen einen Bedarf gehabt zu haben. Konkret fehlte es dem Land an Getreide. Schon in der eingangs zitierten Rede König Sverris im Hafen von Bergen, in der er den Deutschen ihren unverantwortlichen Alkoholimport vorgeworfen hatte, war angeklungen, daß Norwegen einen Bedarf an Getreideimporten hatte. Denn Sverri hatte den englischen Kaufleuten unter anderem für ihre Lieferungen von Mehl gedankt. Die Engländern scheinen auch während der ersten Jahrzehnte des dreizehnten Jahrhunderts die wichtigsten Lieferanten von Getreide und Mehl nach Norwegen gewesen zu sein. Allmählich setzte indessen eine Verlagerung dieser traditionellen Handelsverbindungen mit England hin zu einer neuen Handelsroute ins Baltikum ein. Zunehmend verlagerte sich die Quelle der norwegischen Getreideimporte ins Baltikum. Geliefert wurde dieses Getreide von Kaufleuten aus Lübeck, die es im Laufe des dreizehnten Jahrhunderts zunehmend verstanden, den Ostseehandel zu kontrollieren. In der älteren norwegischen Forschung hat man die im dreizehnten Jahrhundert entstehende Handelsroute Lübeck-Bergen in ihrer Bedeutung überschätzt. Über die gehandelten Warenmengen liegen erst ab dem Ende des 14.Jahrhunderts verläßlichere Zahlen vor. Heute ist man deutlich vorsichtiger, aber auch in dem überarbeiteten Bild der Handelsgeschichte kommt der Hanse eine zentrale Rolle zu. Wir kommen gleich darauf zurück. Das wichtigste norwegische Handelsgut war der getrocknete Dorsch, der Stockfisch. Seit etwa 1100 wurde er im Norden Norwegens, besonders bei den Lofoten gefangen, und zum weiteren Verkauf nach Bergen gebracht. In dem bereits zi-

tierten Bericht dänischer Reisender von 1194 über den Hafen
von Bergen ist die Rede von ungeheuren Mengen an getrockne-
ten Fisch, die jedes Maß überstiegen. Ein großer Teil dieses halt-
baren Lebensmittels ging nach England, wo der Stockfisch fast
90% der eingeführten norwegischen Waren ausmachte. Ein ge-
ringerer, aber gewichtiger Anteil ging nach Lübeck, aber auch in
flandrischen Zollisten taucht der norwegische Stockfisch auf. An
diesem Fischhandel, der für den Norden Norwegens große wirtschaftliche Bedeutung erlangte, können wir erkennen, daß Norwegen von dem Anschluß an das christliche Europa auch wirtschaftlich profitierte. Der Fisch war nicht zuletzt darum so eine
beliebte Ware, weil er eine geeignete Fastenspeise war. Dafür
war der ganze christliche Norden Europas ein interessanter
Markt. Den hansischen Kaufleuten mit den Lübeckern an der
Spitze gelang es dabei offensichtlich immer mehr, den Zwi-
schenhandel zu übernehmen, das heißt den Warenverkehr mit
ihren Schiffen abzuwickeln. Die Norweger lieferten den Stockfisch, aber die norwegischen Kaufleute, die auf nordeuropäischen Märkten ihre Waren anboten, so wie sie noch im Königsspiegel dargestellt wurden, verloren in der zweiten Hälfte des
dreizehnten Jahrhunderts zunehmend an Einfluß und Bedeutung. Um 1250 begannen deutsche Kaufleute erstmals, auch den
Winter über in Bergen zu bleiben. So konnten sie den Fisch zu
günstigeren Winterpreisen erstehen und bereits im Frühjahr ver-
schiffen. Diese deutschen Kaufleute, die sich im Bryggen-Gebiet
des Hafens einmieteten, bildeten den Kern des allmählich entstehenden hansischen Kontors in Bergen, der in der spätmittel-
alterlichen und frühneuzeitlichen Geschichte der Stadt eine bedeutende Rolle spielen sollte. Die hansischen Kaufleute, mit
ihren guten Verbindungen zu den Handelsplätzen im Norden
des kontinentalen Europa, organisierten zunehmend den norwegischen Fischhandel.
     Eine solche Grundsituation mit gut organisierten hansischen
Kaufleuten, die den Bedarf des christlichen europäischen Nordens nach proteinreichen Nahrungsmitteln und nach geeigneter
Fastenspeise durch ihren Handel decken konnten, gab es nicht
nur in Norwegen. Von dem großen Heringsreichtum vor der
Halbinsel Schonen war bereits die Rede. Der durch Einsalzen

konservierte Hering war das Konkurrenzprodukt zum Stockfisch. Das Salz kam aus Lüneburg und wurde von den Lübecker Kaufleuten herangebracht. Deutsche Kaufleute spielten eine wichtige Rolle in der frühen Geschichte Stockholms, das in der Mitte des 13. Jahrhunderts von dem bereits genannten Jarl Birger Stadtrecht erhielt. Ein bedeutender Teil der Stadtbevölkerung Stockholms bestand aus deutschen Kaufleuten. Anders als in Norwegen, wo diese Kaufleute in Bergen einen Sonderstatus hatten und pflegten, legte ein Vertrag, den Birger 1251 mit den Lübeckern schloß, fest, daß die Deutschen, die ins Land kämen, nach schwedischem Recht leben, und sich Schweden nennen sollten. Als 1275 Birgers Sohn Magnus den schwedischen Thron erkämpfte, ließ er in den folgenden Jahren soviele deutsche Adlige ins Land, daß sich unter den einheimischen Adligen bereits Unmut laut machte. In Dänemark ließen sich hansische Kaufleute in Reichweite der schonischen Messen nieder, insbesondere in Kopenhagen (= *Kaufmannshafen*). Die hansischen Niederlassungen waren durch starke persönliche Verbindungen und durch gemeinsame Handelsinteressen der Kaufleute miteinander verbunden. Nach 1250 dehnte sich der hansische Handel unter der Führung Lübecks von der Ostsee immer mehr in die Nordsee hinein aus. So entstand ein großer nordeuropäischer Wirtschaftsraum von Rußland im Osten bis nach Flandern und England im Westen und Norwegen im Norden. Diese Wirtschafts- und Kommunikationsstrukturen wurden in den folgenden Jahrhunderten zu einem bedeutenden Faktor der Integration. Dabei waren allerdings die unterschiedlichen Positionen und Standorte mit unterschiedlichem Gewicht vertreten. Das bekamen die Norweger im Jahre 1284 zu spüren. Mit diesem Beispiel, das zum einen den Fortschritt der Integration Norwegens in ein nordeuropäisches Handelssystem und zum anderen auch die Probleme dieser Integration zeigt, soll die historische Darstellung zu Ende gehen.

Die deutschen Kaufleute in Bergen hatten in den Jahrzehnten nach 1250 eine zunehmend bedeutendere Stellung erlangt. Im gleichen Zuge verstanden sie es, ihren Status durch entsprechende Privilegienverleihungen des norwegischen Königs absichern zu lassen. Als 1280 König Magnus, der Sohn König Håkons, starb, versuchte sein Nachfolger, einen Teil der Privilegien für die deutschen Kaufleute rückgängig zu machen. Die hansischen Kaufleute nutzten 1284 einen Überfall auf eines ihrer Schiffe als Anlaß, die Norweger unter Druck zu setzen. Sie verhängten eine Handelssperre, lieferten kein Getreide mehr ins Land, und verhinderten durch Seeblockaden die Anlieferung von Getreide durch andere Händler. Der eintretende Mangel zwang den norwegischen König im folgenden Jahr einzulenken und den hansischen Kaufleuten in Norwegen nun sehr weitgehende Zugeständnisse zu machen. In den ersten Jahrzehnten des vierzehnten Jahrhunderts, das nun anbrach, wurden die norwegischen Händler mit ihren Schiffen immer mehr aus dem Markt gedrängt und der norwegische Handel geriet in hohem Maße in die Kontrolle hansischer Kaufleute mit ihren Koggen.

Zusammenfassung

In der Geschichte der Integration des Nordens in das Ordnungssystem des mittelalterlichen Europa markierte diese
Machtdemonstration norddeutscher Kaufleute ein neues Kräfte-
verhältnis. Vergleichen wir die Situation am Ende des dreizehnten Jahrhunderts mit den Anfängen des nordisch-europäischen
Zusammentreffens in der Zeit Karls des Großen, dann erkennen
wir die Unterschiede sehr deutlich. Damals waren die ersten zaghaften Missionsversuche des Karolingerreiches im heidnischen
Norden unter der Wucht der nahezu gleichzeitg einsetzenden
Wikingerüberfälle bald eingebrochen. Die Normannen, wie die
fränkischen Chronisten die Männer aus Dänemark, Norwegen
und manchmal auch aus Schweden nannten, kamen seit den vierziger Jahren des neunten Jahrhunderts regelmäßig in das Frankenreich. Sie bewegten sich mit ihren kleineren Schiffsverbän-
den weitgehend unbehelligt entlang der Küsten und auf den
Flüssen des westlichen Europa und verbreiteten auf ihren Raub-
zügen den Schrecken einer heidnischen Geißel Gottes. Ihre
Schiffe sicherten ihnen dabei ihre hohe Beweglichkeit. 500 Jahre
später verloren die Kaufleute aus dem Norden die Kompetenz in
der Schiffahrt an die hansischen Kaufleute. Darunter waren auch
Händler aus Hamburg, das 845 durch einen normannischen
Überfall zerstört worden war. Die deutschen Kaufleute bewegten sich nun in Bergen so frei, daß mancher Norweger daran be-
rechtigten Anstoß nahm, aber die Machtdemonstration der
Hanse hatte gezeigt, auf welch kraftvolle Unterstützung diese
Kaufleute zählen konnten. Aus dem Blickwinkel einer *longue
durée* scheint es, als habe das Rad der Geschichte innerhalb
eines halben Jahrtausends eine halbe Drehung vollführt, und die
einstmals furchteinflößenden Nordmänner sähen sich nun von
einem stärkeren Gegenspieler unterdrückt. Doch das ist irreführend. Denn die Position der Stärke, aus der heraus die hansischen Kaufleute über Handelsprivilegien verhandeln konnten,

resultierte nicht aus militärischer Schlagkraft oder aus überlegener Schiffstechnik, sie war die Folge einer entwickelten Organisation. Daß der Grad der Organisation nun zu einem Vorsprung gegenüber der Konkurrenz im Norden führte, zeigt gerade, wie sehr dieser Norden in den zurückliegenden Jahrhunderten zu einem Teil der europäischen Strukturen geworden war.

Zu Beginn hatte man sich fremd gegenübergestanden. Eine Fahrt in den Norden erschien vielen Menschen am Anfang des neunten Jahrhunderts als eine Reise in eine feindliche Welt. Die Geistlichen fürchteten die unbekannten Heiden. Entlang der Handelsrouten gab es einige Siedlungen, in denen man einzelne Christen finden konnte. Diese Orte, Haithabu an der dänischen Grenze, Birka in Schweden und, aus europäischer Sicht deutlich nachgeordnet, Kaupang im Süden Norwegens, boten den Missionaren ein Ziel und eine Zuflucht. Aber dies waren die einzigen Plätze und schon ihr Hinterland blieb eine *terra incognita*. Die Fahrten der Nordmänner gen Süden, die im neunten Jahrhundert zu einer schweren Prüfung für das westliche Europa wurden, förderten das Verständnis zunächst nicht. Die Wikingerzüge werden heute nicht mehr als reine Raubzüge interpretiert, und dafür gibt es gute Gründe, aber der gewalttätige Charakter ist in Hinblick auf England, Irland und das Frankenreich doch nicht zu übersehen. Im Laufe des neunten Jahrhunderts änderte sich ihre Ausrichtung. Aus den *hit and run*-Überfällen kleiner Gruppen wurden seit den sechziger Jahren die Züge größerer militärischer Verbände. Damit ging eine gewisse Normalisierung einher, zumal auch diese Normannen*armeen* sich den Wechselfällen des Kriegsglücks nicht entziehen konnten. So kam es im Jahre 911 bei Rouen zur Ansiedlung einer Gruppe von Normannen, die den Kern des späteren Herzogtums der Normandie bildeten. Die Geschichte ihrer Integration in das Frankenreich ist wenig erforscht, die Auffassungen über die Dauer des Vorgangs variieren deutlich. Hier wurde die Auffassung vertreten, daß der Integrationsvorgang erst nach der Jahrtausendwende abgeschlossen war. Die Integration der ursprünglich heidnischen Normannen in das christliche Europa kam damit in einer Zeit zum Abschluß, als das Heidentum im Norden seine Basis verlor. Denn die dänischen Könige Harald Blauzahn, Sven Gabelbart und Knut der

Große, die norwegischen Könige Olaf Tryggvasson und Olaf der Heilige betrieben eine energische Christianisierung ihrer Länder, so daß sich deren Politik in Orientierung und Anspruch zunehmend auf die Ordnungsvorstellungen der übrigen europäischen Königtümer zubewegte. Erkennbar wurde dies unter Knut dem Großen. Aus der Sicht der Integrationsgeschichte endet mit ihm die Wikingerzeit. Hier sollen keine neuen Epochendaten postuliert werden. Die klassische Forschung läßt die Wikingerzeit 1066 enden. Das hat sicher auch damit zu tun, daß diese Forschung vorwiegend in der angelsächsischen Tradition beheimatet ist, in der das Jahr 1066 eine zentrale Rolle spielt. Aus kontinentaler Perspektive ist jedoch ein dänischer König, der wie Knut der Große seine Tochter mit dem künftigen deutschen Kaiser verheiratet, kaum noch als Wikinger anzusehen. Seit der Mitte des elften Jahrhunderts entstand ein gemeinsames europäisches Ordnungs- und Koordinatensystem. Das heißt nicht, daß diese in hohem Maße kirchlich geprägten Ordnungsvorstellungen nun direkt in die politische Realität der nordischen Länder Einzug gehalten hätten. Aber ein Prozeß kam in Gang, der schon 1103 mit der Einrichtung des Erzbistums Lund zu einer Emanzipation der Kirche des Nordens von der Hamburger Hegemonie führte und in dessen Verlauf bis zum Ende des zwölften Jahrhunderts eigenständige und leistungsfähige kirchliche Strukturen in den nordischen Ländern entstanden. Die Bauten der Domkirchen dieser Epoche belegen dies ebenso eindrucksvoll wie die nordische Geschichtsschreibung, die am Ende des zwölften Jahrhunderts im Umfeld dieser Bischofssitze entstand. An der Wende vom zwölften zum dreizehnten Jahrhundert läßt der Konflikt des norwegischen Königs Sverri mit dem Erzbischof von Trondheim erkennen, wie sehr die europäischen Problemkonstellationen im Norden Einzug hielten. Dabei war die Übernahme christlich-europäischer Wert- und Ordnungsvorstellungen, als die wir die Integration etwas unscharf bestimmt haben, kein harmonisch fortschreitender Vorgang. Daß wir so wenig über die Konflikte im Verlauf dieses Prozesses erfahren, hat damit zu tun, daß die schriftliche Überlieferung fast vollständig von Männern der letztlich erfolgreichen Kirche verfaßt wurde. Erst im dreizehnten Jahrhundert ändert sich das. Das Bild wird differenzierter während gleichzeitig die Entwicklungen deutlich an Profil gewinnen.

Die christliche Lehre, die kirchlichen Organisationsformen und die Kultur der europäischen Höfe, die im dreizehnten Jahrhundert erkennbaren Einzug im Norden hielten, transportierten auch die ausgeprägt hierarchischen Ordnungsmodelle des westlichen Europa. Die Königsmacht in den nordischen Ländern profitierte davon, sie erhielt im dreizehnten Jahrhundert allmählich das Profil ‚normaler' europäischer Königsherrschaften. Dadurch gab es auch Verlierer, die ihre Eigenständigkeit einbüßten. Wir können diese Integration als Unterordnung unter eine Hierarchie deutlich am isländischen Beispiel erkennen, das 1264 der Herrschaft des norwegischen Königs unterstellt wurde. Einige Jahre zuvor hatte der Kardinal Wilhelm von Sabina anläßlich der Krönung des Königs Håkon in Hinblick auf diese politisch eigenständige Insel festgestellt, daß alle Menschen einem König untertan sein sollten. Diese Vorstellung war für manchen im Norden neu. Bei der europäischen Integration des Nordens ging es neben gemeinsamen Werten auch um die Ausbildung von Machtverhältnissen.

Wir tun allerdings gut daran, uns die Integration am Ende des dreizehnten Jahrhunderts nicht allzu hermetisch vorzustellen. Die Blockade der Hanse gegen Bergen war erfolgreich, weil sie gegen eine Stadt mit einem sehr spezifischen Handelsinteresse gerichtet war. Die allgemeinen Strukturen waren erheblich schwächer. Die Päpste konnten die Kirchen in Dänemark, Schweden und Norwegen kaum zu Maßnahmen zwingen, die diese nicht mittragen wollten. Tatsächlich erfuhr die Kurie nur dann etwas von den Vorgängen im Norden, wenn ihnen diese Informationen von den Menschen dieser weit entfernten Länder zugetragen wurden. Daraus gewannen die Menschen im Norden Freiheit gegenüber unliebsamen Vorschriften. Daß sie sich viele dieser Normen dennoch zu eigen machten, ist das eigentlich Spannende an dieser Geschichte. Denn die Werte und Ordnungsvorstellungen des christlichen Europa wären trotz ihrer so ausgeprägten hierarchischen Ansprüche nicht nach Dänemark, Schweden, Norwegen oder Island gelangt, wenn sich in diesen Ländern nicht Menschen sehr nachhaltig darum bemüht hätten.

Island lag am äußersten Rand Europas und gerade in der Geschichte dieser Insel, mit deren Geschichtschreibung die Tradition historischer Überlieferung im Norden überhaupt erst beginnt, erkennen wir frühzeitig und anhaltend eine europäische Orientierung. Letztlich müssen wir in dieser bewußten Ausrichtung das zentrale Moment der Integration sehen. Einen wichtigen Antrieb für diese Bewegung erkennen wir schon in den Zügen der Wikinger und wir können ihn auch in den folgenden Jahrhunderten als historische Kraft ausmachen: die Neugier auf das Unbekannte. Dieser Zug der nordischen Integrationsgeschichte ist uns bei aller zeitlichen und räumlichen Distanz verständlich und vertraut und er eröffnet uns bei aller Fremdheit doch einen Zugang zum Verständnis dieser fernen Zeit.

Zitatnachweis

(Die hervorgehobenen längeren Quellenzitate sind direkt über das
Quellenverzeichnis auffindbar)

S. 20, *Ansgars Reise nach Dänemark*: Rimbert: Vita Anskarii, Kap. 7;
S. 23, *Testament der Christin in Birka*: Rimbert: Vita Anskarii, Kap. 20;
S. 25 f., *Wikingerüberfall auf Hamburg 845*: Rimbert: Vita Anskarii,
Kap. 16; S. 28, *Alkuin über Lindisfarne 793*: Alcuini Epistolae, hrsg. v.
E. Dümmler, (MGH Epistolae 4), Berlin 1895, nr. 19; S. 28, *Beda Venera-
bilis über Lindisfarne*: Beda Venerabilis: Historia Ecclesiastica Gentis
Anglorum 3, 25, hrsg. v. G. Spitzbart, Darmstadt 1982; S. 34, *Annalen von
St. Bertin zum Jahr 853*: Jahrbücher von St. Bertin; S. 37 f., *Urkunde
Karls für St. Germain*: Recueil des Historiens des Gaules 9, S. 536; S. 40,
Brief Johannes X.: H. Zimmermann (Hrsg.): Papsturkunden 1, Wien
1984, nr. 38; S. 39 u. 41, *Normannenbekehrung des Heriveus von Reims*:
Flodoard: Historia Remensis Ecclesiae 4, 14; S. 47, *Normannenüberfälle
auf Aquitanien 1018*: Ademar von Chabannes: Chronicon 3, 53, ed.
J. Chavanon, Paris 1897; S. 51 f., *Ottars Reise*: Lund (Ed.): Two Voyagers;
S. 55, *Synode in Ingelheim 948*: MGH Constitutiones I, hrsg. v. L. Wei-
land, Hannover 1893, S. 13 f.; S. 60, *Besiedlung Grönlands*: Grönländer-
saga, Kap. 1; S. 67, *Vertrag zwischen Konrad II. und Knut dem Großen*:
Adam von Bremen: Gesta II, 56; S. 69, *Helgi*: Landnahmebuch III, 4;
S. 71, *Navigation von Norwegen nach Island*: Landnahmebuch I, 2;
S. 72, *Islands Besiedlung*: Isländerbuch, Kap. 3; S. 78, *Islands Allthing –
Kompromiß in der Glaubensfrage*: Isländerbuch, Kap. 7; S. 79, *Verbot
von Pferdefleisch*: Briefe des Bonifatius, nr. 28; S. 79, *Entscheidungsfin-
dung der Thingversammlung*: Rimbert: Vita Anskarii, Kap. 7; S. 84, *Kö-
nigsweihe Konrads II.*: Wipo: Gesta Chuonradi Imperatoris, Kap. 3;
S. 90, *Gastfreundschaft des Erzbischofs Adalbert*: Adam von Bremen:
Gesta III, 26; S. 93, *Adalberts Auftreten im Alter*: Adam von Bremen:
Gesta III, 62; S. 94, *Amtsheiligkeit des Papstes*: Dictatus Papae, hrsg.
v. E. Caspar, MGH Epistolae selectae 2, Berlin 1920, II 55a (XXIII);
S. 95, *Brief Gregors VII.*: Monumenta Gregoriana VI, 13; S. 97, *Rede
Urbans II.*: William von Malmesbury: Gesta IV, 347; S. 101, *Die Grün-
dung Lübecks*: Helmold von Bosau: Chronica Slavorum, Kap. 86; S. 102,
Londoner Urkunde von 1282: Hansisches Urkundenbuch 1, München

1876–1916, nr. 902; S. 107, *Nachweis für ein Erzbistum Lund*: Regesta
Pontificum Romanorum, nr. 6335; S. 109, *Erzbischof Asker*: Chronicon
Roskildense, Kap. 15; S. 109, *Gedicht von Markus Skeggjason*: Dt. Übers.
in: Seegrün: Papsttum; S. 116 f., *Gesandtschaft Nikolaus Breakspears und
Norweger bei Papst Hadrian IV*.: Snorri Sturlusson: Die Saga von König
Ingi, Kap. 23 (Heimskringla 3); S. 121, *Theodoricus Monachus über norwegische Bürgerkriege*: Historia, Kap. 31; S. 130, *Arnold von Lübeck über
die dänische Lebensweise*: Chronica Slavorum III, 5, hrsg. v. J. M. Lap-
penberg, (MGH Script. 14), Hannover 1868; S. 130, *Heringsfang in Schonen*: Saxo Grammaticus: Gesta Danorum, Praefatio II; S. 138, *Friedrichs
II. Privileg für Lübeck 1226*: Urkundenbuch Lübeck 1, nr. 35; S. 139,
Konstitution von Vejle: Langebek (Hrsg.): Scriptores Rerum Danicarum
5, S. 601; S. 144, *Innozenz IV*.: *Regimen unius personae*, Kommentar zur
Absetzungsbulle ‚Ad apostolice dignitatis‘ (IV. 4), Apparatus in V libros
Decretalium, Frankfurt 1570; S. 150, *Notwendige Sprachkenntnisse nor-
wegischer Kaufleute*: Königspiegel, Kap. 3; S. 153, *Wilhelm von Sabina
über Islands König*: Håkonssaga, Kap. 257; S. 156, *Thomas von Aquin
über den Handel*: Summa Theologiae III q. 66 art. 7 (c.); S. 156, *Sverris
Rede 1186*: Sverrissaga, Kap. 104; S. 157 f., *Hakons Brief an Lübeck 1247*:
Urkundenbuch Lübeck 1, nr. 153.

Quellen- und Literaturverzeichnis

Die Quellen und die Literatur werden hier, soweit dies möglich ist, in zweisprachigen Ausgaben bzw. in Übersetzungen angegeben, um die Texte auch für Nicht-Fachleute zugänglich zu machen.

Quellen

Adam von Bremen: Gesta Hammaburgensis ecclesiae Pontificum (Bischofsgeschichte der Hamburger Kirche), in: Trillmich (Hrsg.), Quellen.

Agrip af Nóregskonungasogum, A Twelfth-Century Synoptic History of the Kings of Norway, ed./transl. M. J. Driscoll, (Viking Society for Northern Research, Text Series 10), London 1995.

The Anglo-Saxon Chronicle, ed./transl. D. Whitelock/D. C. Douglas/S. I. Tucker, New Brunswick 1961.

Arnold von Lübeck: Chronica Slavorum, hrsg. v. J. M. Lappenberg, (MGH Script. 14), Hannover 1868.

Briefe des Bonifatius, in: Willibalds Leben des Bonifatius nebst einigen zeitgenössischen Dokumenten, neu bearb. v. R. Rau, (Ausgewählte Quellen zur deutschen Geschichte des Mittelalters, FSGA 4b), Darmstadt 1969.

Chronicon Roskildense, in: Gertz (Ed.), Scriptores.

Dudo von St. Quentin: De moribus et actis Primorum Normanniae Ducum, ed. J. Lair, Caen 1865. Diese alte Edition ist revisionsbedürftig, jedoch sind einschlägige Vorarbeiten noch nicht abgeschlossen. Es gibt eine neue Übersetzung: Dudo of St. Quentin: History of the Normans, übers. v. E. Christiansen, New York 1998; parallel zur Transkription einer Handschrift existiert im Internet eine Übersetzung von F. Lifshitz: http://orb.rhodes.edu/libindex.html (work in progress).

Flodoard von Reims: Historia Remensis Ecclesiae. Die Geschichte der Reimser Kirche, hrsg. v. M. Stratmann, (MGH Script. 36), Hannover 1998.

Gertz, M. C. (Ed.): Scriptores Minores Historiae Danicae Medii Aevi 1, Kopenhagen 1917/18, Neudruck Kopenhagen 1970.

Geschichten von Bischof Isleif, in: Islands Besiedlung (Bischofsgeschichten).

Grönländersaga, in: Grönländer und Färinger Geschichten, übers. v. F. Niedner, (Thule 13), Jena 1929, verschiedene Neudrucke.

Håkonssaga: The Saga of Hacon, transl. G. W. Dasent, (Rerum Britannicarum Medii Aevi Scriptores 88 – Icelandic Sagas 4), Neudruck Nendeln 1964.

Helmold von Bosau: Chronica Slavorum, neu hrsg. v. H. Stoob, (Ausgewählte Quellen zur deutschen Geschichte des Mittelalters, FSGA 19), 5. Aufl. Darmstadt 1990.

Historia Norwegiae, in: Monumenta Historica Norvegiae.

Isländerbuch, in: Islands Besiedlung (Aris Isländerbuch).

Islands Besiedlung und älteste Geschichte, übers. von W. Baetke, (Thule 23), Jena 1928, verschiedene Neudrucke.

Jahrbücher von St. Bertin (Annales Bertiniani), in: Rau (Hrsg.), Quellen.

Jahrbücher von St. Vaast (Annales Vedastini), in: Rau (Hrsg.), Quellen.

Der Königsspiegel: Konungsskuggsja, übers. v. R. Meissner, Halle a. d. S. 1944, Neudruck Leipzig/Weimar 1978.

Landnahmebuch, in: Islands Besiedlung (Das Besiedlungsbuch).

Langebek, J. (Hrsg.): Scriptores Rerum Danicarum Medii Aevi, Kopenhagen 1783, Neudruck Nendeln 1969.

Lund, N. (Ed.): Two Voyagers at the Court of King Alfred, York 1984.

Monumenta Gregoriana, hrsg. v. Ph. Jaffé (Bibliotheca Rer. Germ. 2), Berlin 1865.

Monumenta Historica Norvegiae, Latinske Kildeskrifter til Norges Historie i Middelalderen, ed. G. Storm, Kristiania 1880.

Norwegisches Recht. Das Rechtsbuch des Gulathings, hrsg. v. R. Meissner, (Germanenrechte 6), Weimar 1935.

Rau, R. (Hrsg.): Quellen zur Karolingischen Reichsgeschichte 1–2, (Ausgewählte Quellen zur deutschen Geschichte des Mittelalters, FSGA 5–6), Darmstadt 1974 und 1958.

Recueil des Historiens des Gaules et de la France 9, ed. L. Delisle, 2. Aufl. Paris 1874.

Rede gegen die Bischöfe, in: Sverrissaga (Appendix).

Regesta Pontificum Romanorum, hrsg. v. Ph. Jaffé/W. Wattenbach/ S. Löwenfeld u. a., Bd. 1, 2. Aufl. Leipzig 1885.

Reichsannalen, in: Rau (Hrsg.), Quellen 1.

Rimbert: Vita Anskarii, in: Trillmich (Hrsg.), Quellen.

Saga von Erik dem Roten, in: Grönländer und Färinger Geschichten.

Saxo Grammaticus: Saxonis Gesta Danorum 1–2, ed. J. Olrik/H. Raeder/F. Blatt, Kopenhagen 1931–1957.

Snorri Sturlusson: Heimskringla. Snorris Königsbuch 1–3, übers. v. F. Niedner, (Thule 14–16), Jena 1922–23, verschiedene Neudrucke.

Sverrissaga: The Saga of King Sverri of Norway, transl. J. Sephton, London 1899, Neudruck Felinfach 1994.

Theodorici Monachi Historia de Antiquitate Regum Norwagiensium, in: Monumenta Historica Norvegiae.

Thietmar von Merseburg: Chronik, hrsg. v. W. Trillmich, (Ausgewählte Quellen zur deutschen Geschichte des Mittelalters, FSGA 9), Darmstadt 1957.

Trillmich, W. (Hrsg.): Quellen des 9. und 11.Jahrhunderts zur Geschichte der hamburgischen Kirche und des Reiches, (Ausgewählte Quellen zur deutschen Geschichte des Mittelalters, FSGA 11), Darmstadt 1978.

Urkundenbuch der Stadt Lübeck 1, Lübeck 1843.

Wipo: Gesta Chuonradi Imperatoris, in: Trillmich (Hrsg.), Quellen.

William of Malmesbury: Gesta Anglorum Regum, The History of the English Kings, Vol. 1, ed./transl. R. A. B. Mynors/R. M. Thomson/M. Winterbottom, (Oxford Medieval Texts), Oxford 1998.

William of Jumièges: Gesta Normannorum Ducum, The Gesta Normannorum Ducum of William of Jumièges, Orderic Vitalis, and Robert of Torigni, ed./transl. E. M. C. van Houts, Vol. 1–2, (Oxford Medieval Texts), Oxford 1992–1995.

Literatur

Angenendt, A.: Kaiserherrschaft und Königstaufe. Kaiser, Könige und Päpste als geistige Patrone in der abendländischen Missionsgeschichte, (Arbeiten zur Frühmittelalterforschung 15), Berlin u. a. 1984.

Bagge, S.: Society and Politics in Snorri Sturlusson's Heimskringla, Berkeley u. a. 1991.

Bates, D.: Normandy before 1066, London/New York 1982.

Boyer, R.: Le Christ des Barbares. Le monde nordique (IXe-XIIIe s.), Paris 1987.

Brown, P.: Die Entstehung des christlichen Europa, (Europa bauen), München 1996.

Byock, J. L.: Medieval Iceland. Society, Sagas and Power, Berkeley/Los Angeles/London 1988.

Capelle, T.: Die Wikinger. Kultur- und Kunstgeschichte in Grundzügen, 2. Aufl. Darmstadt 1988.

DuBois, Th. A.: Nordic Religions in the Viking Age, (The Middle Ages Series), Philadelphia 1999.

Foote, P./D. M. Wilson: The Viking Achievement, 2. Aufl. London 1980.

Helle, K.: Norge blir en stat (1130–1319). Handbok i Norges historie 3, 2. Aufl. Bergen/Oslo/Tromsö 1974.

Henn, V./A. Nedkvitne (Hrsg.): Norwegen und die Hanse. Wirtschaftliche und kulturelle Aspekte im europäischen Vergleich, (Kieler Werkstücke Reihe A: Beiträge zur schleswig-holsteinischen und skandinavischen Geschichte 11), Frankfurt a. M. u. a. 1994.

Jankuhn, H: Haithabu. Ein Handelsplatz der Wikingerzeit, 8. Aufl. Neumünster 1986.

Kaufhold, M.: Norwegen, das Papsttum und Europa im 13. Jahrhundert. Mechanismen der Integration, in: Historische Zeitschrift 265 (1997), S. 309–342.

Ders.: Die wilden Männer werden fromm. Probleme der Christianisierung in der Frühzeit der Normandie, in: Historisches Jahrbuch 120 (2000), S. 1–38.

Kuhn, H.: Das alte Island, Düsseldorf/Köln 1971.

Leach, H. G.: Angevin Britain and Scandinavia, (Harvard Stud. in Compar. Lit. 6), Cambridge, Mass. 1921, Neudruck New York 1975.

Maurer, K. von: Island. Von seiner ersten Entdeckung bis zum Untergang des Freistaats (ca. 800–1264), München 1874, Neudruck Aalen 1969.

Medieval Scandinavia. An Encyclopedia, ed. Ph. Pulsiano/K. Wolf, New York/London 1993.

Petersohn, J.: Der südliche Ostseeraum im kirchlich-politischen Kräftespiel des Reichs, Polens und Dänemarks vom 10. bis 13. Jahrhundert. Mission-Kirchenorganisation-Kultpolitik, (Ostmitteleuropa in Vergangenheit und Gegenwart 17), Köln/Wien 1979.

Randsborg, K.: The Viking Age in Denmark. The Formation of a State, London 1980.

Ders.: The Birth of Europe. Archaeology and social Development in the first Millenium A. D., (Analecta Romana Instituti Danici, Supplementum 16), Rom 1989.

Roesdahl, E.: Viking Age Denmark, London 1982.

Sawyer, B./P. Sawyer/I. Wood, (Ed.): The Christianization of Scandinavia. Report of a Symposium held at Kungälv, Sweden, 4–9 August 1985, Alingsås 1987.

Sawyer, B./P. Sawyer: Medieval Scandinavia. From Conversion to Reformation, circa 800–1500, (The Nordic Series 17), Minneapolis/London 1993.

Sawyer, P. H.: The Age of the Vikings, 2. Aufl. Southampton 1971.

Ders.: From Roman Britain to Norman England, London 1978.

Ders. (Ed.): The Oxford Illustrated History of the Vikings, Oxford 1997.

See, K. von: Europa und der Norden im Mittelalter, Heidelberg 1999.

Seegrün, W.: Das Papsttum und Skandinavien bis zur Vollendung der nordischen Kirchenorganisation (1164), (Quellen und Forschungen zur Geschichte Schleswig-Holsteins 51), Neumünster 1967.

Simek, R.: Die Wikinger, München 1998.

Springer, O.: Medieval Pilgrim Routes from Scandinavia to Rome, in: Medieval Studies 12 (1950), S. 92–122.

Vésteinsson, O.: The Christianization of Iceland. Priests, Power and Social Change, Oxford 2000.

Personenregister

Abkürzungen: Bf. = Bischof, Eb. = Erzbischof, G. = Graf, Kg. = König, Kgn. = Königin, Ks. = Kaiser, P. = Papst, dän. = dänisch, frk. = fränkisch, frz. = französisch, kastil. = kastilisch, merowing. = merowingisch, norm. = normannisch, norweg. = norwegisch, ostfrk. = ostfränkisch, röm. = römisch, sächs. = sächsisch, schott. = schottisch, westfrk. = westfränkisch.